JN026310

キャリア教育に活きる！

仕事ファイル

センパイに
聞く

47

職人
の仕事

バイオリン職人
寿司職人
ジュエリー作家
靴職人
左官職人

小峰書店　　　　　小峰書店 編集部 編著

㊼ 職人の仕事

Contents

バイオリン職人

Luthier

大樹バイオリン工房
藤井大樹さん
開業8年目 36歳

演奏者が
求める音のために、
正確な寸法とつくりに
こだわります

バイオリン、ビオラ、チェロなどの弦楽器は、木の箱のような本体の上に4本の弦が張られたつくりです。弦楽器をつくる職人は、どのようにしてよい音の出る楽器をつくっているのでしょうか？　バイオリン工房を運営している藤井大樹さんにお話を聞きました。

Q バイオリン職人とはどんな仕事ですか？

バイオリンを演奏者の好みや体格に合わせて製作したり、修理したりする仕事です。バイオリンは弦楽器のひとつで、製作は材料である木材を調達するところから始まります。国内の輸入業者から買うこともありますが、よりよいものを厳選するために海外へ足を運び、買いつけることもあります。

弦楽器は、もっとも音の響きを左右する「表板」、ほどよい硬さが必要な「裏板」と「横板」、美しさが重視される「ネック（首の部分）」の、おもに4つのパーツから構成されています。材料を仕入れたら、製図をして型をつくります。各パーツが仕上がったら、全体を接着してニスを塗ります。ニスの調合によって楽器の仕上がりがかなり変わるので、ニスは自分で工夫を重ねてつくりあげました。表板の真ん中に弦を支える駒という板を取りつけ、弦を張ったら完成です。

箱型でありながら丸みをおびている弦楽器は、構造上、強い上に長もちする特長があります。ギターのような表板と裏板が平らな楽器はゆがんだり割れたりしやすく、トランペットなどの管楽器は、金属がさびることがあります。一方、弦楽器は修理して大切にあつかえば、何十年、何百年でも使い続けることができます。つくった楽器がお客さんに長く愛用してもらえることが、この仕事の醍醐味でもあります。

ぼくの工房では、オーダーメイド※の弦楽器製作に100万円以上かかりますが、海外から輸入した楽器の販売もしています。お客さんの予算や好みに合わせて最適な楽器を提案するのも、職人の大切な仕事です。

藤井さんのある1日

09:00	工房へ出勤
10:00	工房オープン。メールチェックの後、楽器製作を開始
12:00	お客さんが来店し、2本の弓の毛替えを依頼される。毛替えの作業開始
14:00	毛替え済みの弓を引き渡し、ランチ休憩をとる
15:00	楽器製作を再開
19:00	楽器の製作を終え、別の楽器の修理にとりかかる
22:00	退勤

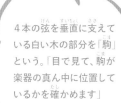

4本の弦を垂直に支えている白い木の部分を「駒」という。「目で見て、駒が楽器の真ん中に位置しているかを確かめます」

バイオリン製作の流れ

❶ 材料を調達する

バイオリンの材料になる松や楓などの木材を仕入れる。材料が楽器の音を大きく左右するので、慎重に選ぶ。木目の美しさや、しっかりとかわかしてあるかも重要だ。

❷ 製図をして型をつくり、各パーツを製作する

お客さんの注文に合わせて設計図をかき、型をつくる。型に沿って、横板、表板、裏板、ネックを切り出す。どのパーツも、けずりながら厚さや寸法を正確に測り、表面をなめらかに整える。

❸ つくった部品を接着する

「にかわ」とよばれる材料を熱して接着剤にし、すべての部品を組み上げる。メンテナンスの際に「にかわ」をはがせば、楽器を解体することができる仕組みだ。

❹ ニスを塗って魂柱を立てる

ニスを全体に重ね塗りして、楽器の色と輝きを完成させる。ニスの工夫によって、音質の調整や古い楽器のような外見にすることも可能だ。さらに、楽器の中に魂柱とよばれる棒を立てる。

❺ 弦を張って調整する

表板の真ん中に弦を支える駒を置き、4本の弦を張る。弾いてみた感触により、音の硬さ・やわらかさなどを調整する。すべての工程に、およそ2〜3か月をかける。

用 語　※ オーダーメイド ⇒ ひとつひとつ注文に合わせてつくること。またつくられた商品。

仕事の魅力

Q どんなところが やりがいなのですか？

演奏者を通して、自分が製作した楽器がだれかを楽しませていると実感できることが、やりがいにつながっています。それに、自分の生きた証を残せることも魅力です。例えば世界最高峰の名器といわれるストラディバリウスは、1600年代につくられたバイオリンです。400年前の楽器がいまだに使われていて、コンサートに何百人も集まるのはすごいことですよね。ぼくがつくった楽器を、ぼくがいなくなった後もだれかが使っていることを想像すると、わくわくします。

表板の内側をけずる作業。「豆のような小さなかんなで、細かくけずります。左右対称の厚さに仕上げるんです」

裏板の内側に必ず、製作者である自分の名前を書いたラベルを貼る。焼き印も押して、偽造を防ぐ。

Q なぜこの仕事を 目指したのですか？

ぼくは4歳からバイオリンを習い始めました。そして小学生のときにスタジオジブリの映画『耳をすませば』を観て、バイオリンをつくる仕事があることを知りました。中学校の卒業文集に「バイオリン職人になりたい」と書いていましたね。

とはいえ、高校2年生の進路相談で先生に希望を聞かれるまで、真剣に進路を考えたことはありませんでした。軽い気持ちで「弦楽器工房がたくさんあるイタリアに留学したい」と書いて先生に提出したら、クラス中に広まってしまい、本当に行くことになったんです。なんとなく将来はバイオリンに関わる仕事をしたいと思っていたところ、気づいたらバイオリン職人になっていたという感覚です。

Q 仕事をする上で、大事に していることは何ですか？

自分のこだわりを捨てることです。バイオリンの音色の好みは人によってちがい、正解はありません。また、プロかアマチュアか、ソロ演奏かオーケストラ演奏かによっても演奏者が求める音は異なります。例えば、プロの演奏者の多くは自分に聞こえている音よりも客席で聞こえる音がよいことを重視します。舞台に立つのはぼくではなく演奏者なので、自分の好みを押しつけないように心がけています。

とはいえ、相手がアドバイスを求めていると判断したときは、弾きやすさなどについて指摘をすることもあります。音についての好みを人に伝えるのはなかなか難しいことですから、やりとりをするなかで、演奏者がどんな音を求めているのかを聞き出します。言葉にしにくいこれらの求めに寄りそうことが、バイオリン職人の大事な仕事です。

弓の毛の張り替えを依頼された。「弓の毛は、馬のしっぽの毛を漂白したものです。縮れた毛は先に取り除きます」

固定した弓に、そろえた毛を張っていく。「弓は弓専門の職人がつくりますが、毛替えは弦楽器の工房でも引き受けています」

Q 今までに どんな仕事をしましたか？

　高校卒業後、イタリアのクレモナという街にあるバイオリン製作学校に入学し、楽器の製作・修理を5年間学びました。卒業後は、有名なマエストロ※であるエドガー・E・ラスの下で3年間働きました。帰国後は弦楽器製作の専門学校で講師をつとめ、2017年から自分の工房を運営しています。

　印象に残っているのは、映画『耳をすませば』に関わる仕事です。愛知県にあるテーマパーク「ジブリパーク」では、作中に登場する雑貨屋「地球屋」が再現されています。「地球屋」にあるバイオリン工房の監修や楽器の製作をぼくが担当しました。妻の後輩との縁でつながった仕事で、子どものころに見ていた世界にたずさわれたことに感動しました。

藤井さんの後輩の女性が、同じ工房で働いている。「彼女の作品はまだ少ないですが、すばらしい腕をもっています」

Q 仕事をする上で、難しいと 感じる部分はどこですか？

　楽器をつくることよりも、売ることのほうが難しいです。なぜなら、弦楽器の本場はヨーロッパであると多くの人が思っていて、日本製の楽器は最初から候補に挙がらないことが多いからです。しかし、日本の職人の技術は海外に引けをとりません。国内で製作するので日本の気候にも合っていますし、海外でつくられたものと比べて安い値段です。

　ぼくをふくめて日本人は、自分たちの強みをアピールすることが得意ではありません。よいものをつくるだけではなく、よさを伝えて買ってもらうことが大事だと思います。

Q この仕事をするには、 どんな力が必要ですか？

　自分の弱みを知ることです。自分の技術が追いついていない、未熟な部分はだれにでも必ずありますが、無理してやろうとすると、結果的に楽器を傷つけてしまいます。できないことは断り、代わりに得意な人を紹介することが、トラブルを避けたり、信頼を得たりすることにつながります。

　また、目の前の人とのコミュニケーションがとても大切です。コミュニケーションの方法に正解はないので、とにかく相手の話に真摯に耳をかたむけることが必要です。ぼくの場合はお客さんだけでなく、教え子とのやりとりからも学びを得ることが多いですね。

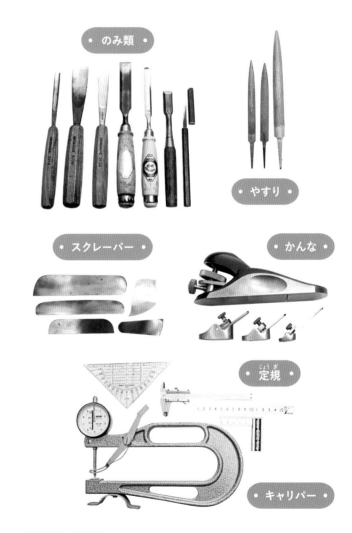

・のみ類
・やすり
・スクレーパー
・かんな
・定規
・キャリパー

PICKUP ITEM

木材の各パーツをけずり出すのに、のみを使う。表板・裏板の曲面をけずるのにかんなを、表面の仕上げにスクレーパーを、弦を通す溝を彫るのにやすりを使う。キャリパーはパーツの厚さを正確に測る道具で、各種の定規も使う。どの工具も、自分が使いやすいようにつくりこんで大切にメンテナンスしている。

用語　※ マエストロ ⇒ 大音楽家、指揮者など、音楽・芸術分野において指導者的立場にある人のこと。

毎日の生活と将来

Q 休みの日には何をしていますか？

　外に出かけるよりも家にいることが好きなので、休みと決めた日には、一日中寝ていたり、ゲームをしたりしています。でも、ひとりで工房を運営しているので、基本的には休みはありません。働いたら働いた分だけお金になり、休むと収入はゼロになります。楽器店の店員として働くのとはちがい、今月の収入はどれくらいになりそうか、というお金の不安がつねにつきまとうことは、自営業者の宿命ですね。

　たまには息抜きも必要だと思いますが、気がつくと仕事をしてしまっていることが多いです。

「高尾山の山頂で、夕日が山の向こうへしずむ瞬間を撮りました。自然のなかに身をおくと、リフレッシュができますね」

「休みの日に高尾山へ行きました。リフトに揺られながら紅葉をながめて、気持ちがよかったです」

Q ふだんの生活で気をつけていることはありますか？

　仕事にさしつかえないよう、健康に気をつけています。製作中は長時間同じ姿勢で作業をすることが多く、あまり外出もしません。運動の量が少ないので、少しでも運動をしたいと思い、毎日、片道20分の自転車通勤をしています。

　ほかに気をつけているのは、ストレスをためないために、自分がやらなくてもすむ仕事であればやらないことです。例えば、自営業者は1年間の売り上げなどを住んでいる自治体に報告する確定申告という作業を必ずしなければなりません。自分でやろうと思えばできますが、専門知識がないと手間と時間がかかってしまいます。ぼくはこれを、プロである税理士にすべてまかせて、本業に集中しています。

藤井さんのある1週間

	月	火	水	木	金	土	日
05:00〜07:00	睡眠	睡眠	睡眠	睡眠	睡眠	睡眠	睡眠
09:00〜11:00	準備・工房へ向かう	準備・工房へ向かう	準備・工房へ向かう	準備・工房へ向かう	準備・工房へ向かう		
11:00	工房オープン	工房オープン	工房オープン	工房オープン	工房オープン		自由時間
13:00	楽器製作	楽器修理	楽器製作	楽器製作	楽器製作	材料の仕入れに外出	
15:00	接客、弓の毛替え 休憩・食事 弓の引き渡し	接客、楽器の引き渡し 休憩・食事	休憩・食事 接客	休憩・食事	接客、弓の毛替え 休憩・食事		
17:00	楽器製作	楽器製作	楽器製作	楽器製作	楽器製作	工房へ 楽器製作	工房へ 楽器製作
19:00	休憩	休憩	休憩	休憩	休憩	休憩	休憩
21:00	楽器修理	楽器製作	楽器修理	接客	楽器修理	楽器製作	楽器製作
23:00	帰宅 食事など	帰宅 食事など	帰宅 食事など	帰宅 食事など	帰宅 食事など	帰宅 食事など	帰宅 食事など
03:00〜05:00	睡眠	睡眠	睡眠	睡眠	睡眠	睡眠	睡眠

　この週はいそがしく、休日を設けなかった。毎日工房へ行き、楽器製作と修理、接客を行う。取材を受けたり、学校で講演を行ったりすることもある。

Q 将来のために、今努力していることはありますか？

次の時代を担う職人を育てることです。ヨーロッパと比べると、日本の職人はまだ少ないです。おまけに、時代ごとに求められる楽器のかたちは少しずつ変化しており、実力がある上に時代の変化にも柔軟に対応できる職人はごくわずかだと感じます。工房の仕事をしながら、時間をとれるときは取材に応じたり、中学校の職業講話に行ったりして、この仕事を広く知ってもらうための活動をしています。これらの活動で、業界の発展に貢献できたらよいですね。

職人どうしの交流を深める活動にも参加しています。自分たちが製作した楽器を持ち寄ってお客さんに弾いてもらうという、勉強会もかねた展示会を年に1回開催しています。

「留学したときに、弦楽器を弾けない職人がたくさんいたことは意外でした。弾けると楽しいですし、仕事にも活きると感じますね」

「世界に認められている有名な楽器は、『型』を写し取ることができるように、詳細写真が本として出版されています。これらを見て研究します」

Q これからどんな仕事をし、どのように暮らしたいですか？

死ぬまでこの仕事をしていたいと思うこともありますが、職人業は、引き際を見極めることが重要です。高齢になると、だれでも視力や体力がおとろえるので、若いころと同じ精度を保って働くことは難しいと思います。無理をして続けても最終的にはお客さんに迷惑をかけてしまうことにつながるので、引退の時期はきちんと考えておきたいですね。

まだ答えは見つかっていませんが、いずれ来るその日に向けて、自分の知識や技術を今とはちがうかたちで世に残していける方法を模索しています。「後輩を育てること」もそのひとつだと考えています。

バイオリン職人になるには……

専門の知識や技術を身につける必要があるため、専門学校への入学もひとつの進路です。一方、留学をして、海外の製作学校で学んだ職人も多くいます。卒業後は、楽器メーカーや楽器店、工房などに就職すれば、バイオリンの製作にたずさわることができるでしょう。職人のもとに弟子入りする方法もあります。いずれも、一人前の職人を目指して、修業を積むことが必要です。

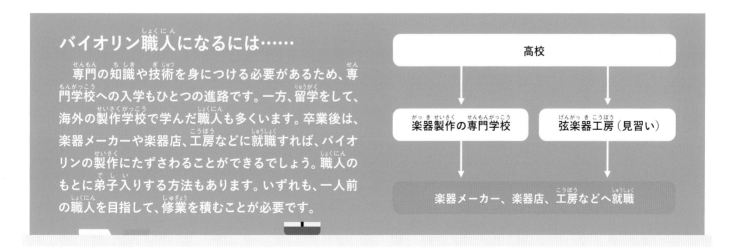

高校

↓　　　　　　　↓

楽器製作の専門学校　　　弦楽器工房（見習い）

↓　　　　　　　↓

楽器メーカー、楽器店、工房などへ就職

子どものころ

Q 小学生・中学生のとき、どんな子どもでしたか？

中学校では合唱部で音楽を楽しんでいました。4歳から始めたバイオリンもずっと続けていて、ほかの子どもに負けないと思えたのがバイオリンだけだったので、心の支えになっていましたね。ただ、演奏家になるには実力が足りず、厳しい世界であることは子どもながらに肌で感じていました。

中学時代は音楽だけでなく、ほとんどの教科でよい成績を収めていました。男声合唱で実績のある高校に進学したくて、受験に向けていっしょに勉強する友だちがいたのが大きかったですね。

性格は今と変わらず頑固で、納得できないことには絶対に「うん」と言いませんでした。例えば、別のクラスの子とけんかして、先生に「謝って仲直りするまで帰っちゃだめ」と言われたことがありました。そのとき、「クラスがちがうからあまり関わりもないし、性格的にも合わないとおたがいが感じている。表面的に謝ったところで仲良くなるわけではないじゃないか」と思っていました。今ふりかえると、先生方にとっては面倒なタイプの生徒だったかもしれませんね。

バイオリンの練習をする小学生の藤井さん。「子ども向けのサイズのバイオリンで、熱心に曲を弾いていました」

藤井さんの夢ルート

小学校 ▶ 弦楽器奏者

バイオリンを弾く仕事にあこがれていた。

▼

中学校 ▶ バイオリン職人

中学校の卒業文集に、バイオリン職人になりたいと書いていた。

▼

高校 ▶ バイオリン職人

高校卒業後、バイオリン職人を目指してイタリアのクレモナへ留学した。

「中学生のころ、バイオリニストの古澤巖さんや葉加瀬太郎さんのCDをよく聴いていました」

Q 子どものころにやっておいてよかったことはありますか？

やっぱり、音楽です。高校卒業後にイタリアに留学したとき、言葉がわからなくて苦労しましたが、楽譜は世界共通なので、いっしょに演奏することで心を通わせることができました。それぞれの国の曲をおたがいに弾いてみて「いいね！」と言い合うなどして、とても楽しかったです。

バイオリン職人になるには楽器を弾けることが条件と思いがちですが、イタリアのマエストロたちでも、弾けない人の方が多いです。一方、理科や数学など、一見、音楽と無関係に思える勉強が、バイオリンの設計には重要になったりします。この仕事に限らず、「将来きっと何の役にも立たない」と思っていることが、案外大事になるものです。

Q 中学のときの職場体験は、どこに行きましたか？

職場体験はほとんど記憶にありません。高校3年生のときにバイオリン工房に行ったことはとてもよく覚えています。当時はだれに相談していいかもわからず、東京都内で弦楽器製作者が集まる展示会に行って話を聞いたんです。そこで出会った方から知り合いの職人を紹介してもらい、埼玉県にある弦楽器工房に行きました。

実際に製作の体験をさせてもらったところ、工房の職人さんから「藤井君はこの仕事に向いてないね」と何度も言われました。

Q この仕事を目指すなら、今、何をすればいいですか？

職人はひとりで黙々と作業を進めているように見えますが、じつは仕事の大半は人とのコミュニケーションです。製作の技術は基礎練習をすれば確実に身につくので、今はよいコミュニケーションにつながる観察眼をきたえてください。

そのためには、物事を「当たり前」と思わず、すべてのことに疑問をもつことです。すると、「なぜここに傷が多いのだろう。ひょっとしてここの高さが合っていないからかな」などと仮説を立てて、お客さんが気づいていない楽器の不具合を発見することができます。演奏者が求めることをかたちにしていくには、自分自身の好奇心がとても大切です。

Q 弦楽器工房ではどんな印象をもちましたか？

今ふりかえってみると、この仕事には向き不向きがあるので、職人さんがぼくに対して「向かない」と言ったことは、確かにそうだなと思います。しかし、職人の仕事を続けていると、ふいに、急に何かをつかんだような、変化のときが訪れることがあります。ぼくも最初は職人としてやっていけるか不安でしたが、イタリアでの修業中にその感覚を理解してから、自己評価もまわりの評価も一気に変わりました。つらくても続けてきてよかったと思いました。

－ 今できること －

ふだんの暮らし

まずは音楽や楽器に興味・関心をもち、ふれてみることが大事です。世の中にある音楽や楽器の特徴や歴史を調べて、知識を深めることもよいでしょう。

また、音楽や楽器に関わることに限らず、あらゆる物事を「どうして？」という視点をもって観察する姿勢は、バイオリン製作に役立ちます。疑問が浮かんだら、答えが出るまで調べてみましょう。また、ものづくりには理科や数学の知識が必要になることがあります。得意にしておくとよいでしょう。

国語 演奏者が求めていることを知るために、相手の話をよく聞くことが大切です。話したり聞いたりする活動で、相手の考えを共有する力を身につけましょう。

音楽 楽器の構造や仕組みを理解する必要があります。いろいろな楽器の特徴を知り、基礎的な奏法を身につけて、実際に演奏してみましょう。

技術 楽器の音は材料や加工法によって変わります。材料と加工に関する技術の単元を通して、製作図のかき方や、部品加工、組立てを学びましょう。

英語 バイオリンに関する専門書は、英語で書かれているものがほとんどです。英語の基本を身につけましょう。

寿司職人
Sushi Chef

SUSHI＋
岡林義明さん
起業5年目 31歳

寿司ネタには
妥協しません。
最高の江戸前寿司を
にぎります

寿司をにぎる技術は、修業と経験を必要とする職人技です。住居や会社、イベント会場などお客さんのところへ出張し、目の前で寿司をにぎって提供するサービスがあります。出張寿司専門の寿司職人をしている岡林義明さんにお話を聞きました。

用語 ※ 江戸前寿司 ⇒江戸時代に現在の東京で発案されたにぎり寿司のこと。ごはんをシャリ、魚をネタという。酢や塩で締めるなど、生魚が日持ちするための工夫が確立されている。江戸前寿司に対して発酵寿司を主流とする関西寿司などがある。

Q 寿司職人とはどんな仕事ですか？

寿司職人は、寿司をにぎってお客さまに提供する仕事です。私は、兄とともに出張寿司専門の会社「SUSHI＋」を営んでおり、兄が社長で私が専属の寿司職人です。店舗での営業ではなく、予約をしてくれたお客さまのもとへ行って寿司をにぎり、食べてもらいます。

出張する先は、企業のパーティー会場やイベント会場、お客さまのご自宅が多いですが、お花見の季節に屋外で寿司をにぎることもあります。決まったメニューはなく、希望に沿ってお客さまの好きなネタだけをにぎることもあれば、誕生日パーティーに寿司でケーキをつくることもあります。

予約が入ったら、仕込みのスケジュールを立て、市場へ行く日を決めます。市場で魚を仕入れ、それぞれの魚に合った仕込みをします。その日のうちに提供する魚もあれば、仕込みをしてから冷蔵庫で1か月ほど寝かせる魚もあります。

私がにぎるのは江戸前寿司※です。うろこや内臓を取り除いた後、酢や塩で締めるなど、その魚がもっともおいしくなるよう手間暇をかけた上で寿司にするので、これらの仕込みがとくに重要です。おいしく食べられるタイミングに合わせて作業の日程を組むのも、職人の大切な仕事です。

私は、仕込みや出張先でのサービス提供の仕事の合間に、お客さまからの問い合わせや、予約への対応、SNSの更新なども行います。寿司を通して最高の体験を提供することを会社の理念にしているため、丁寧な対応を心がけ、ネタには妥協せず、高級寿司にこだわっています。

岡林さんのある1日

07:30	仕事開始。市場へ魚介を仕入れに行く
09:30	仕事場にしているキッチンへ移動し、仕込みを行う
12:30	ランチ
14:00	仕込みの続きをし、お客さま宅へ出かける準備をする
16:00	お客さま宅へ余裕をもって出発
17:00	訪問先へ到着、サービス提供開始
20:00	サービス提供終了、かたづける
22:00	帰宅後にメールの確認と返信をして仕事終了

訪問先に到着し、車から仕事道具を下ろす。「かなり大量の荷物になります」

にぎり寿司一貫（マグロ）ができるまで

❶ マグロを仕入れる
魚市場へ行き、おいしいマグロを塊（ブロック）で買ってくる。いつも購入している仲卸※のお店に、よいマグロが入っているか、いつなら入りそうかを聞いてから買いに行くことが多い。

❷ マグロを寝かせる
マグロを寝かせて、もっともおいしくなるときまで熟成させる。寝かせる時間はマグロの種類や季節によっても異なるので、計算した上で仕込む。

❸ サクをとる
棒状の魚肉を「サク」という。サービス提供の当日、サクのかたちにマグロを切る。中トロ、赤身など部位ごとに分ける。

❹ 切り分ける
訪問先へ持参したサクから、一貫分のマグロを切り分ける。包丁の使い方によっても寿司の味が変わる。

❺ にぎる
赤酢で味を整えておいたシャリにマグロをのせて、一貫をにぎる。ハケでしょうゆをぬって完成。

用語　※ 仲卸 ⇒ 卸売と小売の間を仲介する仕事。卸売から買いつけた商品を仕分けて、飲食店や小売業者の買い出し人に販売する。

仕事の魅力

Q どんなところがやりがいなのですか？

お客さまから「記念になった」「家族の思い出になった」などの感想が聞けたときに、やりがいを感じます。

特別な日に「ちょっと高級なお寿司」を食べたいと思っても、お店に行けない人たちがいます。例えば、小さな子どもがいて静かな寿司店には行きづらい、高齢なので出かけられない、など事情はさまざまです。私は、このような人たちに寿司を通じてわくわく感や感動を届けたい、という思いで出張寿司を始めました。私が出向くことによって喜んでもらえたと実感できたときは、とてもうれしいですね。

寿司ネタのケースにネタを並べる。「今回のネタは、マグロの中トロと赤身、アジ、エビ、イカ、キンキです」

Q 仕事をする上で、大事にしていることは何ですか？

当たり前のことをしっかりとやる、ということを大切にしています。時間を守る、連絡を忘れないなど、人として基本的なことができていないと、どんなにおいしい料理を提供しても満足していただけないと思うからです。

お客さまのご自宅に出張して寿司をにぎることも多いので、相手の立場になって考えることも大事にしています。知らない人が家に来てキッチンで料理をする状況に、不安を感じる人もいると思います。自分がお客さんだったらどんなことがうれしいか、どうしたら不安にならないかを考えながら仕事をしています。

Q なぜこの仕事を目指したのですか？

大学時代の就職活動のとき、たまたま、寿司職人になるための専門学校があることを知ったのがきっかけです。

当時、何か手に職をつけたいという気持ちはありながらも、実際には会社員になるのだろうと漠然と思っており、興味のあったIT企業にインターンシップ※へ行きました。けれど、そこでは会社の製品を使う人と直接会う機会はなく、このまま働き続けても人の役に立っている実感を得るのは難しいだろうと感じました。自分にはもっと、相手の反応を直接感じられる仕事の方が向いていると考えていたときに、寿司職人の学校のことをテレビで見たんです。この仕事なら、目の前でお客さんの反応も見られるし、やりがいを感じられそうだと考えて、興味本位と勢いでこの世界に飛びこみました。

中トロのサクに包丁を入れる。「いい魚をお客さまに食べてほしいです」

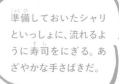

準備しておいたシャリといっしょに、流れるように寿司をにぎる。あざやかな手さばきだ。

「中トロです」。丹精をこめた一貫が寿司ゲタに置かれた。

用語 ※ インターンシップ ⇒ 高校生、専門学生、大学生などが、将来の職場を選択するために、企業につとめる体験をすること。

お客さんから寿司について質問され、笑顔で応じる岡林さん。「お客さまと直接ふれあえる時間を大切にしています」

Q この仕事をするには、どんな力が必要ですか？

飲食の仕事全般に言えることですが、寿司職人には単純作業を日々くりかえす仕込み作業が多いです。それが苦にならないような忍耐力や、コツコツと続ける力は必要です。また、あまり動かないように見えるかもしれませんが、ずっと立っている仕事なので体力も必要です。

出張寿司の場合は、季節によって魚の種類が変わるだけでなく、サービスの提供先によっても仕込み方が変わるので、飲食業のなかでは仕事内容の変化が多い方かもしれません。相手の反応を目の前で見られるので、自分のしたことで相手が喜ぶ顔を見ること、人のために何かをすることに喜びを感じられる人に、向いている仕事だと思います。

Q 今までにどんな仕事をしましたか？

専門学校では、よい魚の見分け方やさばき方、寿司のにぎり方のほか、和食の調理技術なども学びました。卒業後、都内の寿司店で2年ほど働き、接客マナーなどの職人としてのふるまい方をしっかりとたたきこまれました。

働きながら、自分でも何か仕事を起こしてみたいと考え、外国人観光客向けの寿司体験教室を開いたり、知人に頼まれてパーティーで寿司をにぎったりしたんです。ありがたいことに、つとめていた寿司店は私の活動を理解してくれるお店だったので、週の半分は出勤し、残りの半分は個人で仕事をしました。

その後、個人の仕事の評判がよかったこともあり、もともと起業を考えていた兄と出張寿司の会社を立ち上げました。

・ 寿司ゲタ、おしぼり、箸 ・

・ 行燈 ・

Q 仕事をする上で、難しいと感じる部分はどこですか？

毎回ちがう環境でサービスを提供する点が難しいと感じます。個人宅の場合は、家によってキッチンの間取りが異なりますし、イベント会場はすべて環境がちがいます。毎回、現場に合わせて柔軟に対応する必要があります。

お客さまの都合によって開始時間がずれるなど、想定外のことも起きます。とくにつらいのは、ひどい渋滞に巻きこまれて自分の到着が間に合わないとか、希望の魚が市場に入らず仕入れられないなど、自分ではどうにもできない困り事が起きたときです。今は落ち着いて対応できるようになりましたが、最初のころはストレスを感じていました。

・ 包丁とまな板 ・

PICKUP ITEM

お客さまひとり分として食卓に置くのは、寿司ゲタ、おしぼり、箸の3点セット。寿司ゲタは、お客さまの目の前でにぎった寿司を置くためのもの。包丁とまな板は、よく手入れをした上で安全に持ち歩く。SUSHI＋の行燈も、出張営業に欠かせない。

毎日の生活と将来

Q 休みの日には何をしていますか？

　仕事中は同じ体勢でいることが多いので、休日は体を動かすようにしています。最近、友人何人かと練習場所を借りて、キックボクシングをするようになりました。経験者に教えてもらいながら、部活のようにわいわい盛り上がってスポーツをするのは、体も心もリフレッシュできて楽しいです。

　運動をする以外には、おいしいものを食べに出かけたり、温泉やサウナに行ったりすることが多いですね。仕事のスケジュールは予約の入り具合によるので、休みは不定期ですが、月に8日ほどは休むようにしています。

「ジェラート屋さんでくつろいでいるところです。子どものころから甘いものが大好きです」

「キックボクシングをしているところです。経験者の友人に教えてもらっています」

Q ふだんの生活で気をつけていることはありますか？

　体が資本の仕事なので、体調管理に気をつけています。一度、働きすぎて体調をくずし、しばらく休まなければならなくなったことがあります。その経験から健康でいることを心がけるようになりました。夜おそくまでのパーティーへの出張依頼のときは帰宅が深夜になるなど、仕事の時間によって生活リズムがバラバラになりがちです。そのため、本当に基本的なことですが、3食しっかり食べる、7時間以上は睡眠をとる、ということを大切にしています。

　お客さまの前に立つ仕事ですし、さらに人の家に上がる機会も多いので、靴や爪を手入れし、髪を整え、つねに清潔感のある身だしなみでいることも心がけています。

岡林さんのある1週間

この週は予約が3件入っており、3か所でサービスを提供した。仕込みと事務作業に費やす日も2日あった。休みの日をバランスよく入れることも、心がけている。

	月	火	水	木	金	土	日
05:00	睡眠	睡眠		睡眠	睡眠	睡眠	
07:00							
09:00	準備 市場で買いつけ			準備 市場で買いつけ			
11:00	仕込み	食事		仕込み	食事	食事	
13:00	昼休憩	仕込み		昼休憩	仕込み	仕込み	
15:00	仕込み	休憩		仕込み	休憩 出発準備	休憩	
17:00		出発準備 現場へ出発	休日		現場へ出発	出発準備 現場へ出発	休日
19:00	事務作業・打ち合わせ	到着		事務作業・打ち合わせ	到着	到着	
21:00	夜ご飯	サービス提供		夜ご飯	サービス提供	サービス提供	
23:00		かたづけ			かたづけ	かたづけ	
01:00	睡眠						
03:00	睡眠	睡眠		睡眠	睡眠	睡眠	
05:00							

Q 将来のために、今努力していることはありますか?

　目の前の仕事に集中し、毎回全力で対応することを大切にしています。飲食店を続けていくために大切なのは、お客さまにリピーター※になってもらうことです。1回の訪問でお客さまがどれだけ満足してくださるかが、くりかえしのご利用につながります。ですので、この仕事を長く続けるには、日々の仕事を丁寧に積み重ねていくしかありません。

　また、年をとって、仕事がたとえ月1回や週1回などに減ったとしても、体が動く限りはこの仕事を続けていきたいと考えています。そのため、自分が若い気持ちでいられるように、そして時代の流れにおいていかれないように、新しいことに興味や関心をもつことも意識しています。

丁寧にとがれた包丁は、寿司職人の命だ。「包丁の切れ味で、寿司の味も変わります。とぎ方ひとつをとっても、訓練が必要です」

ネタの仕入れ先やお客さまからのメールへの返信は、夜の作業になることが多い。

Q これからどんな仕事をし、どのように暮らしたいですか?

　私たちのサービスを利用してくださる方には、お金に余裕のあるお客さまが多いです。その方たちに向けて、もっとサービスのレベルを上げて、より満足していただけるようにしたいです。また、江戸前寿司をより多くの人に知ってもらうため、これまでのお寿司屋さんにはないものを生み出していきたいとも考えています。海外の方に向けた寿司体験のイベントなども開催できるといいですね。

　一方で、寿司職人のなり手が減っている問題もあります。修業が厳しく、仕事がハードだというイメージがあるのかもしれません。子どもたちに向けて、寿司職人の仕事に興味をもってもらえるような体験の場も提供できたらいいなと思っています。

寿司職人になるには……

　寿司店で働きながら修業する方法と、専門学校で知識と技術を身につける方法があります。会社や店に属さず、個人で働く場合には、経営力や営業力が必要です。それらについて大学で学ぶのもよいでしょう。いずれの場合も、調理師免許を取得しておくと、やや働きやすいようです。また最近では、専門学校で技術を身につけた後、海外で働く道を選ぶ人もいます。

```
                    ┌──────────────┐
                    │     高校      │
                    └──────────────┘
          ┌──────────────┐    ┌──────────────┐
          │    大学      │ →  │ 寿司職人養成の専門学校 │
          └──────────────┘    └──────────────┘
              ┌──────────────────────────────┐
              │ 寿司店に就職する(あるいは、後に独立) │
              └──────────────────────────────┘
```

※ この本では、大学に短期大学もふくめています。

用 語　※ リピーター⇒ある商品をくりかえし購入したり、ある店をくりかえし利用したりする客のこと。

子どものころ

Q 小学生・中学生のとき、どんな子どもでしたか？

小学生のころは、習い事をいくつも経験しました。いろいろなことに興味をもつ子どもだったので、剣道、水泳、ピアノと始めてはみるのですが、どれも長続きしませんでした。剣道や水泳は、少しやったら気がすんで、別のことを習いたくなってしまったんです。ピアノは親のすすめで始めたものの、あまりにも上手にならなくて、すぐにやめてしまいました。

中学校では、入学後の部活動紹介で見たバスケットボール部の発表がかっこよかったので、バスケ部に入部しました。練習は大変なことも多かったですが、バスケ自体は楽しく、夢中になって取り組みました。高校でもバスケ部に入りました。今考えると、バスケに熱中していた時間はよい思い出になっていますし、部活で身につけた体力や忍耐力などは、仕事でも役に立っています。

部活に集中していたこともあり、勉強はあまりしていませんでした。正直なところ、授業をまじめに聞くタイプではなかったので、テスト前に必死になって試験範囲を勉強していましたね。文章を読むことはきらいではなかったので、国語などの科目は好きで、得意でした。反対に、数学などの理系科目はとても苦手でした。

中高一貫の男子校に通っていた。中学校の卒業アルバムにのっている「イケメンとは彼のことだ」の言葉は、クラスメイトが書いてくれた。

バスケットボール部の集合写真。「アメリカのNBA選手のレブロン・ジェームズという選手にあこがれていました」

岡林さんの夢ルート

小学校 ▶ 世界一のお菓子屋さん

お菓子や甘いものが大好きだった。世界中のお菓子を販売するお店をつくりたかった。

中学校 ▶ サラリーマン

とくにやりたいことはなかった。

高校 ▶ サラリーマン

将来の夢はとくになかったが、お金をかせぎたいと漠然と思っていた。

大学 ▶ IT企業の起業家

IT関連の仕事がよいかなと考えていた。

中学の卒業アルバムの写真。「部活動紹介で見たバスをつないでいく先輩たちがかっこよくて、そこからバスケにハマりました」

Q 子どものころにやっておいてよかったことはありますか？

体育会系の部活に入っていたのは、よかったと思います。体力がつきますし、人間関係などによる多少の理不尽さに耐える忍耐力もつきます。

寿司の世界だけではないと思いますが、働き始めると理不尽さを感じることは多いです。先輩や親方との関係もそうですし、接客業では本当にいろいろなお客さまと接します。部活を通して身につけた、少々納得がいかないことがあってもがまんしたり受け流したりする力が、今、役立っています。

Q 中学のときの職場体験は、どこへ行きましたか？

中学2年生のとき、日帰りで農家での農業体験をしました。バスに乗って農業が盛んな地域に行き、班に分かれて各農家さんの家でお世話になりました。大根など野菜の収穫を手伝い、食事をしながら仕事の話を聞かせてもらいました。収穫した野菜はお土産として持ち帰った記憶があります。

私は都市部で育ったので、畑に囲まれた景色や、となりの家までの距離など、仕事内容だけでなく農業地域の環境そのものが新鮮でした。

Q 職場体験ではどんな印象をもちましたか？

農業について漠然としたイメージしかもっていなかったのですが、農家の人が働く現場を見たことで、ふだん私たちが食べる野菜をつくってくれている人がいる、という当たり前のことを現実として感じることができました。

また、これだけ手間暇をかけて大変な思いをして生産したものが、スーパーでは100円や200円で売られるのだな、というおどろきもありました。もっと高い値段がついてもよいのにと感じたんです。生産者の方への感謝も生まれ、今もその気持ちをもって日々の仕事をしています。

Q この仕事を目指すなら、今、何をすればいいですか？

何かを料理して、だれかに食べてもらう経験をしておくとよいと思います。私は、子どものころから母の料理を手伝うことが好きでした。家族が私のつくった料理を食べて喜んでくれるのがうれしかったんです。この経験が、今の仕事につながっていると考えています。

寿司職人はお客さんの目の前で寿司をにぎるので、その反応を近くで感じられる、すばらしい仕事です。お客さんの喜ぶ姿をうれしいと思うことができれば、大変なことものりこえられます。その力の原点となる体験を、学生のうちにできるとよいのではないでしょうか。

本当においしい江戸前寿司を、国内・国外を問わず多くの人に知ってもらいたいです

− 今できること −

ふだんの暮らし

寿司職人は、魚と米のおいしさを最大限引き出し、お客さんに食べてもらう仕事です。食材がどこから来たのか、どうしたらおいしくなるのかなど「食」全般に対する関心を高めましょう。ネタの種類や特徴に関心をもち、ネタがわからないときはまわりの人に聞きましょう。スーパーの鮮魚コーナーで働く人に旬の魚についてたずねることもおすすめです。また、自分で料理や弁当をつくって家族に食べてもらう体験をしましょう。調理器具の安全なあつかい方についても学びましょう。

 国語 お客さんとのコミュニケーションも大切な仕事です。小説などを通して、さまざまな人の心情に対する理解を深めましょう。

 社会 地理の分野で、水産業についてよく学びましょう。水産業があっての寿司文化なのです。

 家庭科 地域の食文化を学ぶ単元で、寿司文化について理解を深めましょう。地域の食材を用いた和食の調理に取り組み、和食文化を継承するための工夫を学びましょう。

 英語 海外からの観光客の増加にともない、英会話の技術が求められています。一方、海外で働く道もひらけているので、基本的な英会話に取り組みましょう。

ジュエリー作家
Jewelry Artist

小室えみ香さん
職歴6年目 34歳

身につける人の一部となって、ともに年をとるジュエリーをつくりたいです

七宝（七宝焼）という伝統工芸があります。金属の下地に釉薬※を焼きつける焼き物の一種で、独特の光沢とあざやかな色合いが魅力です。おもに七宝の技法でジュエリー制作を行っている小室えみ香さんに、お話を聞きました。

用語 ※釉薬⇒ガラス質の粉末。高温で焼くとガラス化する。

用語 ※ドローイング⇒スケッチのようなもので、おもに自分のアイデアを可視化するためのもの。

Q ジュエリー作家とは どんな仕事ですか？

日常的に使いやすい手近な装身具であるアクセサリーに対して、希少性が高い貴金属や宝石などを加工した装身具をジュエリーとよびます。私はジュエリー作家として、七宝の技法を使ったものを中心に、世界にふたつとないジュエリーを制作し、販売しています。

私は、自分が感じている目に見えないものを目に見えるかたちにしたいという思いから、ジュエリーをつくっています。そのため、制作は自分のイメージをドローイング※に描き起こすことから始めます。ドローイングは、インスピレーション※を目に見えるかたちにすることを目的に描き起こすものです。次に、ジュエリーをどんな材料で、どんな方法でつくるのがよいかを考えます。考えがまとまったら必要な材料を調達し、制作にとりかかります。

自分が表現したいものだけを追求するジュエリー作家もいますが、私は使いやすさも大事にします。こわれにくさも、自分がジュエリーを選ぶときに重要な要素だと思うからです。こうした客観的な視点は、オーダーメイドの婚約指輪や結婚指輪を制作する際にも役立ちます。指輪はお客さまにとって大事な記念の品なので、お客さまが指輪に求めていることをくわしく聞き取り、デザインや素材、サイズについてアドバイスしながら制作します。

私は自宅の一角にある工房で、ジュエリー制作の作業、ジュエリーの撮影、WEBサイトの運営まですべての工程をひとりで行っています。

小室さんのある1日

09:00	仕事開始。メールチェック
09:30	ジュエリー制作をする
12:00	ランチ
13:00	道具や素材の買い出しに出かける
16:00	帰宅後、メールで受けた注文をまとめる。撮影した作品の写真を編集する
18:00	家事
20:00	ジュエリー制作、翌日の作業の準備
22:00	仕事終了

ドローイングと、ドローイングをもとに制作した七宝技法のブローチ。

ジュエリー制作の流れ（七宝の場合）

❶ デザインと制作方法を考える

ドローイングでイメージを表し、制作方法を考える。七宝を使ったジュエリーは、手順をまちがうと電気炉で焼く際に失敗することがある。そのため、時間をかけて制作の手順を考えることが大切だ。

❷ 材料をそろえ、土台をつくる

作品の構造が決まったら、必要な材料を買いそろえる。材料がそろったら、土台の金属の部分から制作を始める。

❸ 釉薬をのせて電気炉で焼く

金属の土台に、少量の水で洗った釉薬を小筆でのせていく。焼き上がりの色見本を見ながら、仕上げたい色の釉薬を順番にのせる。のせたら電気炉で焼く。これを2〜4回くりかえす。

❹ みがいて仕上げる

高温で釉薬が溶け、美しいガラス状になったら、みがいて仕上げる。

❺ 展示会や個展などで発表する

価格を決め、写真を撮って自身のオンラインストアに掲載する。また展示会や個展で発表することもある。注文がきたら梱包し、発送する。

用語 ※ インスピレーション ⇒ 創作したり、思考したりする過程で瞬間的に浮かぶ考えのこと。創造につながるひらめき。

仕事の魅力

Q どんなところがやりがいなのですか？

私が何も語っていなくても、思いを作品から読み取って「すてきね」「涙が出ました」と言ってくれるお客さまがいます。そんな方に出会えるところです。私にとって言葉は不自由なものなので、感じたこと、伝えたい思いをすべてジュエリーにこめます。ジュエリーを通して同じものに共感できる方と出会い、心が通じ合う瞬間をうれしく思います。

展示会やSNS上で私のジュエリーを身につけている方を目にすることがきるのも、この仕事のやりがいです。古くなったジュエリーの傷は、それだけ時間が経っていることの証です。私のもとから巣立ち、お客さまの生活の一部になっているジュエリーを見ると、充実した気持になります。

「ものによりますが、小さな作品なら、1〜2日で制作します」

Q 仕事をする上で、大事にしていることは何ですか？

制作に使う金属や水、ガスは、すべて地球の大事な資源です。つくったものは土には還りません。自分がつくったものはずっと残るという覚悟で、責任を持ってつくることを大事にしています。「これでいいや」ではなくて、「これがいい」。作家活動は孤独との闘いですが、妥協はしません。自分で使うものではなく、だれかの手もとに行くものであるからには、ベストを尽くす必要があると思っています。

一方で、お客さまがどう感じるかも大事なので、作家としての方向性を定めた上で、それでもどちらの色にするかなど迷ったら、いろいろな世代の知人に相談します。

Q なぜこの仕事を目指したのですか？

言葉にできない思いや感動を表現したかったからです。日本には古くから「八百万の神」といって、自然や動植物などあらゆるものに神が宿るという考え方があります。私は福岡県の自然豊かな場所で育ちました。美しい水面や植物を見たとき、何とも言えない気持ちが生まれる感覚があったんです。それを表現してだれかと共有したいとずっと思っていましたが、話すことや作文が苦手で、もどかしい気持ちがありました。そこで言葉の代わりに絵を描いていました。美術大学への進学を目指して浪人しているときに、ギャラリーでコンテンポラリージュエリー※にふれ、これが自分のつくりたかったものだと確信したんです。そのとき、将来はジュエリー作家になろうと決めました。アクセサリー作家である母と染物業を営む父の影響で、幼いころから芸術に関わる仕事を夢見ていたので、私にとっては自然ななりゆきだったと思います。

銀の細いリボンをピンセットで曲げてかたちをつくり、金属の土台にのせていく。「この銀線で釉薬の色を仕切ることで、絵の輪郭が生まれます。有線七宝とよばれる技法です」

ガラス質の粉状の釉薬を水で洗い、筆で金属の土台にのせる。これを電気炉で焼く。「釉薬をのせては焼く、これをくりかえすことで、深い色合いが生まれます」

用語　※ コンテンポラリージュエリー ⇒ コンテンポラリーは「現代的な」という意味の言葉。自由で独創的な、芸術性の高い、新しいジュエリーのこと。段ボールや排気パイプなどあらゆる素材が使われる。

有線七宝のピンブローチ。使われている銀線が、細かな模様や絵柄の輪郭をかたちづくっている。

Q 今までにどんな仕事をしましたか？

大学卒業後、オーダーメイドのジュエリーをつくる会社でデザイナーとして働きました。いずれは作家として活動するつもりでしたが、社会人としての経験を積んでおいた方が人生でプラスになると考えたからです。

仕事は、デザインだけでなく接客も担当し、注文を受けてから納品まで、ジュエリー制作以外のことをはば広く経験しました。電話やメール、お客さま対応などさまざまな仕事をこなすうちに、デザインの好みやジュエリーに求めるものは人によってちがうということに気づけました。私が、「自己表現」と「お客さまの求めるもの」のどちらも大切に思えるようになったのは、このときの経験が大きいと思います。

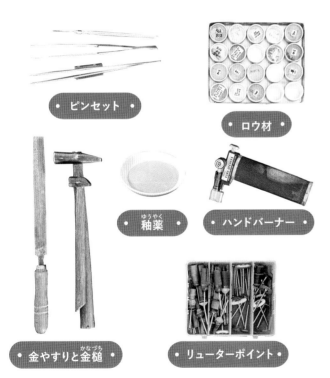

- ピンセット・
- ロウ材・
- 釉薬・
- ハンドバーナー・
- 金やすりと金槌・
- リューターポイント・

PICKUP ITEM

ピンセットで制作物をおさえながら接着剤の役割をするロウ材をのせ、ハンドバーナーで熱して加工する。リューターポイントは、リューターとよばれる金属をけずる機械の先につけて使う。金属をけずる金やすり、たたく金槌も必須の道具だ。高温でガラス状になる釉薬は、さまざまな色をそろえてある。

Q 仕事をする上で、難しいと感じる部分はどこですか？

ジュエリーは「つくったらそれで終わり」ではありません。写真を撮ってホームページやSNSへ投稿するほか、展示会や個展に出展して名前を多くの人に知ってもらうなど、自ら売る力をもてないと作家として生き残るのは難しいでしょう。私の場合は、運よく多くの人との出会いがあり、発表の場に恵まれました。ものをつくることができること、購入してくださる人がいることに日々感謝しています。

Q この仕事をするには、どんな力が必要ですか？

集中力と想像力、発想力です。細かい作業では集中力がないと完成度が低くなりますし、けがにもつながります。また立体的なジュエリーの場合、完成形が頭のなかに想像できないと、まったくちがったものができあがってしまう可能性があるので、想像力が必要です。

発想力の源になるものは人それぞれちがうので、正解はありません。けれども実際に外に出て行動し、新しいチャレンジをすることで、きっかけを得られるかもしれません。私の場合は、本や音楽、映画など、積極的にいろいろな情報にふれ、発想力の源になるものをためるようにしています。

「結婚指輪を制作中です。最初のころは友人たちの指輪をつくっていましたが、今は一般のお客さまからも注文が入ります」

毎日の生活と将来

Q 休みの日には何をしていますか？

ヨガをしたり、映画を観たりして過ごしています。休日と決めた日にはキャンプを楽しみます。美術館にもよく行っていますね。

東京都港区の21_21 DESIGN SIGHTという施設で開かれた「The Original」という企画展が印象に残りました。オリジナル、オマージュ※、模倣の区別がつきづらい時代になってきていることもあり、オリジナルとは何かを知ろう、という企画の意図を画期的だと感じました。デザインの本質にせまる展示を見て、作家としてよい刺激を受けました。

自宅兼アトリエでヨガをする小室さん。「体調管理にいいんです」

「神奈川県の箱根のポーラ美術館で、アメリカの現代美術家、ロニ・ホーンの展覧会を開催していました。“水”を通して物事の本質にせまる作品の数々は、すばらしかったです」

Q ふだんの生活で気をつけていることはありますか？

身につけるものをつくっているので、服装や身だしなみには気をつかい、さらに、制作したジュエリーを身につけるようにしています。ふだんから愛用することで、そのジュエリーのよさを見つけられます。また試作品も、テストとして身につけます。「半日つけていると重く感じる」「長すぎて少しじゃまかもしれない」など、改善点を見つけることができます。

ほかには、この仕事は座っている時間が長く肩や腰を痛める人が多いので、ここ数年、ヨガを続けています。

	月	火	水	木	金	土	日
05:00	睡眠	睡眠	睡眠	睡眠	睡眠		
07:00	朝食・準備	朝食・準備	朝食・準備	メールチェック 家事・準備 食事	朝食・準備	睡眠	睡眠
09:00	メールチェック	商品の撮影など	メールチェック	大学へ移動	メールチェック	朝食・準備	朝食・準備
11:00	自宅で制作	打ち合わせ先へ移動 お客さまと打ち合わせ	自宅で制作		自宅で制作	移動	移動
13:00	昼食・家事	昼食	昼食・家事	美術大学で学生の制作を指導	昼食・家事		
15:00	自宅で制作	道具や素材の買い出し 帰宅 オーダーをまとめる 画像編集	自宅で制作	美術大学で学生の制作を指導	自宅で制作	ギャラリーにて接客（合間に昼食）	ギャラリーにて接客（合間に昼食）
17:00							
19:00	炊事・夕食	炊事・夕食	炊事・夕食	帰宅	炊事・夕食	帰宅	帰宅
21:00	自宅で制作 翌日の準備	SNSの内容を考える 画像編集など	自宅で制作 翌日の準備	帰宅 炊事・夕食	自宅で制作 翌日の準備	炊事・夕食	炊事・夕食
23:00							
01:00							
03:00	睡眠	睡眠	睡眠	睡眠	睡眠	睡眠	睡眠
05:00							

小室さんのある1週間

自宅で制作にはげむ日と、美術大学で学生を指導する日がある。週末には出品したギャラリーで接客をしたので、休みのない週になった。

用語　※ オマージュ ⇒ 芸術家や作家へささげる敬意のこと。またそれを表し、献上するための芸術作品。

Q 将来のために、今努力していることはありますか？

さまざまな分野で活動している、あこがれのクラフト作家※さんがいます。海外の美術館で個展を開いたり、海外雑誌の表紙を飾ったり、日本で企業とコラボレーションした商品をつくったりと、枠にとらわれない活躍に目がはなせません。私も海外での作品発表を意欲的に行いたいので、英語の勉強を始めました。

参考書を読んで、中学・高校で習った文法をおさらいするようにしています。海外に留学した友人からオンライン英会話がよいと聞いたので、私も始めてみようかと検討しているところです。

個展に来てくれたお客さまに、作品について丁寧に説明する。「技法に興味をもってもらえるのも、うれしいですね」

「東京のギャラリースペースで個展を開きました。ひとりでも多くの方に作品を見てもらいたいです」

Q これからどんな仕事をし、どのように暮らしたいですか？

私には、目標を固めすぎて、反対に目標にとらわれてしまった経験があります。例えば、行きたい大学にこだわって、合格するまでに何度も浪人したことなどです。ですので、今はとにかく、ジュエリー作家を続けることを第一目標にしています。ジュエリーを軸に、ジャンルにとらわれず、国内外で作品を発表して活動の場を広げたいです。

作家としてさらによい仕事をする、という夢へ向かうためのルートは、その時々で変わってもいいことにして、自然体で過ごしていきたいと思います。今は東京に拠点をおいていますが、自然豊かな、食べ物がおいしい土地に工房を構えるのも夢のひとつです。

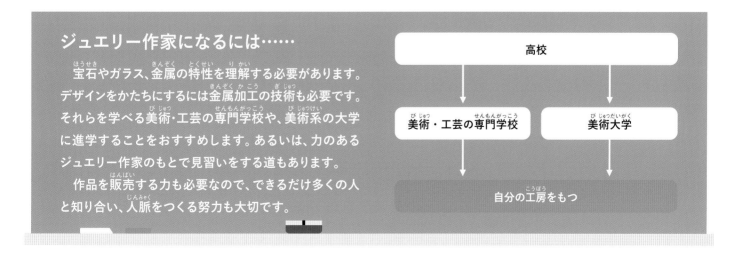

ジュエリー作家になるには……

宝石やガラス、金属の特性を理解する必要があります。デザインをかたちにするには金属加工の技術も必要です。それらを学べる美術・工芸の専門学校や、美術系の大学に進学することをおすすめします。あるいは、力のあるジュエリー作家のもとで見習いをする道もあります。

作品を販売する力も必要なので、できるだけ多くの人と知り合い、人脈をつくる努力も大切です。

高校
↓
美術・工芸の専門学校　美術大学
↓
自分の工房をもつ

用語　※ クラフト作家 ⇒ 革製品や染織物、木工品など、手づくりの工芸品を制作する作家。

子どものころ

Q 小学生・中学生のとき、どんな子どもでしたか？

私は、自然が豊かで水に恵まれた、美しい場所で育ちました。放課後や休日には友だちと川遊びや山遊びをし、クワガタとりをしたり、駄菓子屋や市民プールに行ったりして遊びました。兄や姉と秘密基地をつくったこともあります。

地域行事も楽しかったです。獅子頭を持った人を先頭に子どもたちが家を一軒ずつまわる「お獅子入れ」や、年始にしめ縄などを集めて餅を焼く「どんど焼き」などがありました。梅を収穫して袋に詰め、100円で販売するなど、ちょっと変わった学校行事もありました。今思えば、日本の伝統や文化、しきたりに自然とふれてきましたね。

将来は美術の分野に進むと決めていましたが、理科・数学・体育も好きでした。昔から植物が好きなので、生物学にもっとふれていたらちがう仕事に就いていたかもしれない、とたまに思います。

中学2年生のとき、バスケットボール部の合宿で撮った写真。

Q 子どものころにやっておいてよかったことはありますか？

たくさんの外遊びや伝統行事の体験は、かけがえのない財産になっています。伝統行事の多くは、自然の恵みや先祖への感謝、厄払いや無病息災を祈願する目的で行われます。このように、見えないものに意識してふれようとする文化のなかで育ったことは、自分自身の感性を育むことにつながったと感じます。

やっておけばよかったのは英会話です。英会話教室に通うのが楽しみだったのですが、急に上級のクラスに入れられて受験のための勉強をすることになり、それがいやでやめてしまいました。やはり勉強は、楽しいのがいちばんです。

小室さんの夢ルート

小学校 ▶ マンガ家・声優

アニメーションを見るのが好きだった。

▼

中学校 ▶ アニメーター、映像作家

映像の世界に興味をもち、あこがれた。

▼

高校 ▶ グラフィックデザイナー

絵を描くのが好きだったことから、グラフィックデザイン※の仕事に魅力を感じた。

▼

大学 ▶ ジュエリー作家

浪人時代に、ギャラリーで作家の思いがこめられたジュエリーに出合い、ジュエリー作家になろうと決めた。美術大学で立体の工芸を学んだ。

高校3年生のとき、環境汚染をテーマに描いた作品。福岡県の展覧会で賞をもらった。

用語　※ グラフィックデザイン ⇒ 雑誌や書籍、広告や看板、WEBサイトなど、平面上に行うデザインのこと。

Q 中学のときの職場体験は、どこに行きましたか？

アニメーション制作の現場に行きたかったのですが、私の街に該当する職場はありませんでした。そこで、みんなが職場体験に行っている間、私は友だちとふたりで学校に残り、アニメーションをつくりました。

少しずつ異なる絵を描いて撮影し、写真をつなげて動いているように見せるというもので、「くまの耳がのびてうさぎになる」という内容でした。友だちと製作方法を調べ、先生に協力してもらいながらつくったと記憶しています。

Q アニメーション制作体験ではどんな印象をもちましたか？

まず、ストーリーを考えることの難しさを痛感しました。作文で苦手だった「起承転結」の構成づくりが、このときも苦手だと感じました。また、撮影作業を友だちと数日かけて行いましたが、これがとにかく大変で、こんなに手間がかかるのかとおどろきました。

当時は絵やイラストを描くのが好きだったので映像系の仕事にも興味がありましたが、アニメーション制作は自分の手に負えないと感じました。この経験を機にあきらめたといえるかもしれません。

Q この仕事を目指すなら、今、何をすればいいですか？

ものを生み出すには、あらゆる経験が材料になります。気になった何かをインターネットで見て満足するのではなく、美術館やお店に足を運んで「実物を見る」「実物にふれる」ことをしてみてください。最初は興味がもてなくてもいいので、名作といわれる絵画、彫刻、デジタルアートなど、さまざまな美術にふれ、自分なりに考えをめぐらせるとよいです。

美術にふれて、疑問をいだくことが大切です。その疑問を自分のなかにとどめず、先生や家族、友だちに投げかけてみてください。口に出すことでその疑問に対する理解が深まり、いつか自分なりの答えが見つかると思いますよ。

みなさんが喜んでくれるジュエリーをつくって、自分自身の喜びにしていきます

－ 今できること －

ふだんの暮らし

生活のなかで出合った「すてきだ」と感じたものを、絵や立体物の作品で表す練習をしましょう。感動したときの思いを忘れないよう、感じたその場でメモやスケッチをしてとっておき、それらをもとに作品をつくってみましょう。

学校の美術部に入部して、デッサンや造形の基本を学ぶと作品づくりに役立ちます。また、WEB上の講座で工芸品の制作を体験できるサービスもあります。身近な大人と相談して経験してみるのもよいでしょう。

理科

「金属と非金属」「金属の性質」の単元で、加熱などによる金属の特性を学びましょう。金属の加工に役立ちます。宝石のもととなる鉱物について調べるのもよいでしょう。

美術

日本の代表的な工芸作品を鑑賞し、それらの制作方法を知りましょう。制作方法はYouTubeなどの動画でも見ることができます。

技術

材料と加工に関する単元で、金属による性質のちがいといろいろな金属の加工法を学びましょう。

英語

ジュエリー作家の活躍の場は世界に広がっています。海外の人にも作品を知ってもらえるように、英語の基礎を身につけて発信できるようになりましょう。

靴職人
くつしょくにん

Shoemaker

When（ウェン）
小林晃太さん
こばやしこうた
職歴9年目 29歳
しょくれき　　　　さい

**お客さまそれぞれの
注文に応じて、
おう
ぴったりの
靴をつくります
くつ**

お客さんの足の寸法に合わせてつくることで、は
すんぽう
き心地のよい靴をつくってくれる職人がいます。
ごこち　　　　くつ　　　　　　　　　　しょくにん
「When」という工房でフルオーダー※の靴をつくっ
ウェン　　　　　こうぼう　　　　　　　　　　くつ
ている、靴職人の小林晃太さんに、お話を聞きました。
くつしょくにん　こばやしこうた

用語　※フルオーダー ⇒体の寸法を測って型紙をつくり、細部にこだわった縫製をしながら服や靴を仕立てる方法。
ようご　　　　　　　　　　からだ　すんぽう　はか　かたがみ　　　　　　　さいぶ　　　　　　　　ほうせい　　　　　　　ふく　くつ　した　　　　ほうほう
工場で大量生産される商品とはちがい、その人の体にぴったりのものが仕上がる。
こうじょう　たいりょうせいさん　　　　しょうひん　　　　　　　　　　　　　　ひと　からだ　　　　　　　　　　　しあ

Q 靴職人とは どんな仕事ですか？

　靴職人は、靴の製作や修理を行う専門技術をもつ職人です。私は靴職人として「When」というブランドを立ち上げ、お客さまの足に合わせて靴をつくる仕事をしています。

　私のお客さまには靴にくわしくない方も多いので、「足が痛くならない靴」「仕事の場で印象のよい靴」など、その方が靴に求めることを聞いたら、後はデザインをふくめすべてをまかせてもらえる場合が多いです。デザインスケッチを描いて、了承を得てから製作にとりかかります。

　足のかたちから「木型」をつくるフルオーダーの靴は、お客さまそれぞれの要求に応えられるのが特長です。例えばある女性から、舞台用のドレスに合う靴をつくってほしいという注文を受けたことがあります。足がきれいに見えるようにヒール（かかとの部分）を少し高くしたのですが、お客さまがはいてみると、少し痛いとおっしゃいました。そこでやりとりを重ねて調整したところ、痛みがなく、ドレスにぴったりの靴ができました。このようにフルオーダーの靴づくりには、お客さまとともにつくり上げる醍醐味があります。

　「When」では、フルオーダーの靴のほかに、既存の木型を使い、いくつかのデザインや素材から選んでもらって組み合わせるパターンオーダーの靴も製作しています。そのほか、既製靴も製作・販売しています。私の靴をたくさんの人にはいてもらうために、靴の材料をそろえたり靴の宣伝をしてくれたりする外部の人たちとの協力関係を築くことも、大切な仕事となっています。

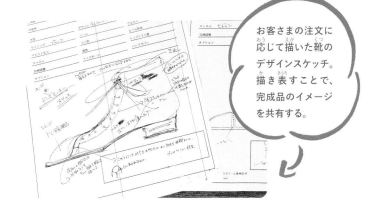

お客さまの注文に応じて描いた靴のデザインスケッチ。描き表すことで、完成品のイメージを共有する。

「お客さま個人の木型や、パターンオーダー用の木型など、多くの木型があります」

小林さんが製作した靴。シンプルなデザインのなかに、はきやすさへのこだわりがつまっている。

フルオーダーの靴ができるまで

❶ デザインスケッチと木型をつくる

お客さまの希望を聞き、靴のデザイン画を描く。次にお客さまの足の大きさ・はば・高さなどを測り、足の模型のような「木型」をつくる。

❷ 型紙をつくる

紙に木型のかたちを写しとり、「型紙」をつくる。型紙は靴の甲、底、中敷部分などのパーツごとにつくる。

❸ 革を裁断し、縫製する

靴の材料となる革を選び、型紙に合わせて裁断する。それから、底以外の部分を縫い合わせる。ミシンを使うか、手でひと針ひと針縫うか、場所によって最適な方法を選ぶ。

❹ 木型で成形する

縫い合わせた革を木型に固定してひっぱり、立体的にかたちづくる。ここで靴のかたちが決まるので、とても大切な作業。

❺ 底づけをし、仕上げる

靴の底を取りつける。靴底は厚く頑丈な革などの材料を使うことが多く、縫い合わせるには力が必要だ。次に革を重ねたヒールを取りつける。全体をみがき上げ、木型を外す。中敷や紐を取りつけたら完成。

仕事の魅力

Q どんなところがやりがいなのですか？

合っていない靴のせいで、歩くとすぐに足が痛くなってしまうという人は大勢います。そうした人たちが私の靴をはいて歩き、「痛くない！」と笑顔になってくれたときに、つくったかいがあったと感じます。

痛みを感じずに歩けると、人は自然と気持ちが前向きになり、いろいろな場所に出かけてみたくなるものです。そうして出かけた先で、新しい出会いや楽しみを発見し、よりすてきな人生を歩んでもらえたら、こんなにうれしいことはありません。自分の思う「美しい靴」を追求しながら、人の役にも立つことができるのが、何よりのやりがいになっています。

小林さんのある1日

10:00 ▼	お客さま宅を訪問し、製作中の靴の相談と修整をする。その後、別の靴の材料を仕入れに行く。
12:00 ▼	工房に出勤。ランチをとる
13:00 ▼	その日にやることと、少し先までの仕事を確認する
13:30 ▼	メールの返信など、各所に連絡する
14:00 ▼	靴づくり
19:00 ▼	会食に参加
21:00 ▼	靴づくりにもどる
22:00	退勤

Q 仕事をする上で、大事にしていることは何ですか？

フルオーダーの靴は、完成するまでに1年近くかかります。また、既製品の靴に比べて価格も決して安くはありません。それでも自分だけの靴をつくろうと決めたお客さまの気持ちは、大切にしなければなりません。そのため、お客さまの希望をしっかり聞いて理解し、お客さまの期待以上のものをつくることを目指しています。

作業面では、計画的に仕事を進めることを大事にしています。お店に納品する靴などもあるため、スケジュールに合わせて進めないと、取引先に迷惑がかかってしまうからです。

Q なぜこの仕事を目指したのですか？

高校2年生のときに地元の服屋さんで、ある靴に出合ったことがきっかけです。私は、店内に飾られていたその靴を見た瞬間、目がはなせなくなるほど魅せられてしまったんです。それ以来、靴に興味をもつと同時に「あの靴をつくった人に会ってみたい」と思うようになりました。そこでお店の人にたずねてみると、つくったのは、東京・浅草のアトリエで働く職人さんだということがわかりました。

私はすぐに連絡をとり、新幹線に乗って会いに行きました。するとその方はこころよくむかえてくださり、靴づくりの現場を案内しながら、いろいろな話を聞かせてくれました。このときから、靴職人になることが目標になりました。

工房に来てくれたお客さまと話す。「丁寧な聞き取りがとても大切です」

「17歳のときにひとめぼれした靴です。お金をためて1年後に買いました。今も宝物のように大切にはいています」

Q 今までに どんな仕事をしましたか？

靴制作の専門学校で学んだ後、20歳のときに「When」という靴ブランドを立ち上げました。それから約10年間、シンプルな靴や装飾のついたヒールの高い靴など、さまざまな靴をつくってきました。

靴づくりと同時に、仕事につながる人脈づくりにも全力で取り組みました。そして、営業や生産管理、会計など、工房の経営に必要な仕事をすべて行える体制を整えました。

2023年からは、東京の新宿にあるデパート、伊勢丹新宿店でWhenの靴を販売してもらえることになりました。国内外の有名な靴ブランドといっしょに、Whenの靴が並んでいるんです。誇らしさやうれしさもありますが、「はずかしいものはつくれないぞ」という緊張感もありますね。

「靴の材料は牛革がほとんどですが、羊の革や豚の革を使うこともあります」

Q 仕事をする上で、難しいと 感じる部分はどこですか？

人の足の状態は、日によって少しずつちがいます。同じ日でも、朝と夜では異なり、疲れなどの影響でむくんだり、痛みが強くなったりなど変化するものです。採寸の時点ではぴったりだったのに、できあがってみたら合わないということが起こり得るので、そこが難しいところです。

また、自分にとってよいと思う靴が、お客さまに満足してもらえる靴とは限りません。そのため、お客さまが靴に求めていることをよく理解しなければなりません。

これらのことをふまえた靴づくりは、職人としての腕が試される部分でもあります。

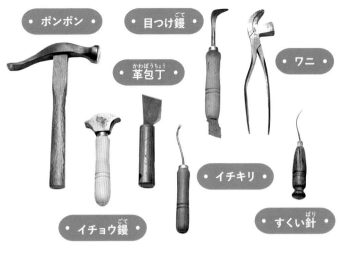

- ポンポン
- 目つけ鏝
- 革包丁
- ワニ
- イチキリ
- イチョウ鏝
- すくい針

- 革のサンプル

PICKUP ITEM

靴づくりにはたくさんの専用の道具が必要だ。革をなめす、切る、木型に固定する、ひっぱる、縫う、みがくなどのさまざまな工程ごとにちがう道具を使う。お客さまとの相談に使う革のサンプルには、いろいろな色や質感のものが用意されている。

Q この仕事をするには、 どんな力が必要ですか？

靴職人は、靴をはいてくれるお客さまがいて成り立つ仕事です。そのため、どうしたらお客さまに気に入ってもらえるかを客観的に考える力が必要です。

仕事を始めたころ、きれいだけれどお客さまのライフスタイルに合わない靴をつくってしまい、あまりはいてもらえなかったことがありました。そんなときに偶然、有名な靴専門店の方と出会い、店で販売する靴をつくらないかと声をかけられたんです。自信はありませんでしたが、とにかく応じました。その結果、靴づくりに正解はないこと、芸術作品ではなく、人が心地よくはける靴をつくらなければならないことを学べました。とにかく外に出る、という行動力も必要です。

工房に置いてある専用の機械で、靴をみがいて仕上げる。「仕上げも、大切な工程です」

毎日の生活と将来

「ふだん乗っているピストバイクです。競輪や自転車競技のトラックレースに使われるものに近く、ペダルと車輪の動きが完全に一致している自転車です」

Q 休みの日には何をしていますか？

競輪選手が乗るような、ピストバイクという自転車に乗って出かけることが好きです。洗車をしたり油をさしたりして、メンテナンスしながら乗っています。靴づくりは座りっぱなしで行う仕事なので、運動不足の解消にもなりますね。

また、猫を2匹飼っているので、いっしょにのんびり過ごすことも多いです。シャンプーをしてやったり、遊んだりしていると気持ちが安らぎ、心の疲れがとれるんです。気がつくと、2匹といっしょに昼寝していたなんていうこともよくありますよ。

「猫といっしょの暮らしはすばらしいです。もし将来子どもができたら、動物といっしょに過ごさせてあげるのが夢です」

Q ふだんの生活で気をつけていることはありますか？

電車のなかで、お客さんたちがはいている靴を観察して「この靴をはく人はどんな生活をしているのかな」と想像します。この習慣が、商売にも結びつくような気がしています。

自分の生活については、丁寧な暮らしを心がけています。例えば、疲れていると「今日はお風呂に入らないでシャワーだけですませてしまおうかな」と思うことがあります。湯船に湯を張り、ゆっくりつかるのが面倒だからです。けれど、その手間を惜しまずにきちんと体を温めた方が疲れがとれてよく寝られますし、次の日の目覚めもよくなります。だらしない生活をしていると仕事にもよくない影響が出てしまうので、気をつけています。

	月	火	水	木	金	土	日
05:00〜07:00	睡眠	睡眠	睡眠	睡眠	睡眠	睡眠	
09:00〜11:00	事務、取引先訪問仕入れなど	事務、取引先訪問仕入れなど	事務、取引先訪問仕入れなど	事務、取引先訪問仕入れなど	事務、取引先訪問仕入れなど	事務、取引先訪問仕入れなど	
11:00〜13:00	ランチ	ランチ	ランチ	ランチ	ランチ	ランチ	
13:00〜15:00	靴づくり		休み				
15:00〜17:00		靴づくり		靴づくり	靴づくり	靴づくり	休日
17:00〜19:00							
19:00〜21:00	会食		作業委託先とミーティング・会食				
21:00〜23:00	帰宅	帰宅	帰宅	帰宅	帰宅	帰宅	
01:00〜03:00							
03:00〜05:00	睡眠	睡眠	睡眠	睡眠	睡眠	睡眠	

小林さんのある1週間

午前中は事務作業や取引先訪問、仕入れなどを行い、昼から夜まで靴づくりをするパターンだ。毎日いそがしく働いているが、休日も確保している。

Q 将来のために、今努力していることはありますか？

　自分がけがなどで働けなくなったときでも、ブランドを継続させ、収入を得て生活できるための仕組みをつくろうと努力しています。具体的には、Whenの靴をつくってくれる職人仲間を増やしたり、万が一のときに雇ってくれそうな人と仲良くしたりしておくことです。自分のことを応援してくれる人をひとりでも多くもちたいです。

　一例として、東京青年会議所という25歳から40歳までの経営者が集まる団体に所属しています。今は休会しているのですが、先輩たちから貴重な経験を聞かせてもらったり、おたがいに仕事を紹介しあったりして輪が広がりました。困ったときに助け合える関係を今後も広げ、Whenの発展につなげたいです。

事務作業をするスペースでパソコンに向かう。「取引先とのやりとりはまめに行います」

「靴の専門誌をよく読みます。技術上の参考になる記述を見つけたら、マーカーで線をひいてチェックします」

Q これからどんな仕事をし、どのように暮らしたいですか？

　20代はひたすら仕事に打ちこみ、必死になって走り続けてきました。ですので、30代をむかえたら少し仕事のペースを落として、自分を大切にする時間をもちたいと思っています。無理をするといつか息切れしてしまい、大好きな靴づくりが苦痛になってしまうかもしれません。

　私は、人生には波があることを実感しています。前に進める気力に満ち、どんなことにも挑戦できる期間と、落ち着いて息を整える期間の波です。この先数年間を息を整える期間ととらえ、がんばらない自分も受け入れようと思っています。もちろん、靴づくりの姿勢を変えるつもりはありません。むしろ、これまで以上によい靴をつくり続けていくために、自分自身をいたわり、力をたくわえたいです。

靴職人になるには……

　必須の資格はありませんが、美術系の大学やシューズデザイン科がある専門学校に進学して、プロダクトデザインや靴づくりの基礎知識、技術を身につけると、仕事がしやすくなります。その後靴メーカーや服飾メーカーなどに就職して、実務を経験しながら技術を高め、独立して工房を開く人もいます。また、靴づくりの本場であるヨーロッパに留学して修業を積む道もあります。

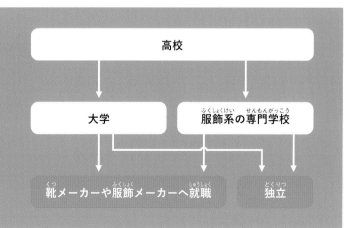

高校 → 大学 / 服飾系の専門学校 → 靴メーカーや服飾メーカーへ就職 / 独立

子どものころ

Q 小学生・中学生のとき、どんな子どもでしたか？

遅刻が多く、悪さもたくさんする子どもで、親にはさんざん迷惑をかけました。集中力がなく、勉強もあまりできませんでした。怒られることが多くて、どうしたらみんなと同じようにおだやかに暮らせるのかわからず、あせるばかりのつらい時期を過ごした記憶があります。

じつは大人になってから、自分に双極性障害があると診断を受けました。極端に活動的になる躁状態のときと、気持ちがしずんでしまう鬱状態のときがあるんです。子どものころから感じていた生きづらさは、これが一因だったのだとやっとわかりました。

そんななかでも、楽しい思い出はあります。小学生のときに入った地元の野球チームではエースピッチャーで、4番バッターとしてプレーし、毎週末、汗を流しました。野球は中学生になっても続け、3年生のときキャプテンにも指名されました。そのときの監督とは残念ながら相性がよくなく、試合に出してもらえないという苦しさも味わいましたが、野球自体はよい思い出です。

中学時代は、下校時間が楽しかったです。歩いてほんの10分の距離を、仲良しの友人たちと毎日1時間かけて帰っていました。当時は自由な時間がたくさんありましたね。

中学の修学旅行の集合写真に収まる小林さん。「京都・奈良に行きました」

京都の金閣寺にて、班のみんなと撮った写真。

小林さんの夢ルート

小学校 ▶ プロ野球選手

野球をやっていたので、あこがれた。

▼

中学校 ▶ 美容師

美容室に行くようになり、美容師になるのもよいなと思った。

▼

高校 ▶ 庭師、靴職人

学校で造園の勉強をし、京都の日本庭園で働く庭師のかっこよさにあこがれた。
2年生のときに地元の服屋さんでとびきりかっこいい靴に出合ってひとめぼれし、靴職人をめざした。
高校卒業後は、靴製作の専門学校に入学した。

中学の卒業アルバムにのっている小林さん。「このころから美容院で髪をカットしていました。ませていましたね」

Q 子どものころにやっておいてよかったことはありますか？

私は、早い時期から生きづらさのようなものを感じていたため、友だちよりも自分について考える時間が多かったと思います。そのおかげで、高校生になるころには自分の性格やものの考え方がわかっていたので、将来のことも落ち着いて考えられました。いろいろな経験をして、たくさん悩み、たくさん考えたことが、今は財産になっています。

英語は、もっと勉強しておけばよかったです。海外の方が圧倒的に人口が多く、お客さまを探しやすいからです。

Q 中学のときの職場体験は、どこへ行きましたか?

中学1年生のときに、スポーツ用品店に5日間行きました。正直なところ、ほとんど記憶になく、スポーツ用品店に行ったことも親に聞いて思い出したくらいです。

お店では、商品の品出しや、店内の掃除などをお手伝いしたように思います。

Q 職場体験ではどんな印象をもちましたか?

スポーツ用品店へ行くには電車に乗らなければならず、友だちと待ち合わせして通いました。

毎朝朝礼があって、いやだったのを覚えています。同じ時間に同じ電車に乗って、毎朝同じことをするのが苦痛だったのだと思います。その上、母から聞いたところによると、当時の私は、その店の人との関係にもぐちを言っていたそうです。「たった5日間しか行っていないのにこれだけつらいようでは、サラリーマンには絶対になれないな」と、当時も思ったように記憶しています。

職場体験の本来の目的が何かはわかりませんが、自分の苦手なことを知るという意味では、意義のある経験だったと思います。

Q この仕事を目指すなら、今、何をすればいいですか?

靴職人というと、もくもくと靴をつくり、腕だけが勝負の仕事と思われがちです。実際、腕がよくなければよい靴はつくれませんが、技術は後からでも学べます。それよりも、目の前にある物事に関心をもって深く追究する姿勢や、相手を知ろうとするコミュニケーション能力こそ、小・中学生時代に身につけるべき力です。よい靴づくりは、よい靴を追求することと、お客さまをよく知ることから始まるからです。

可能なら、学校以外のコミュニティーに参加してみるとよいかもしれません。慣れ親しんだ環境以外の場所に行くことで、新しい価値観に出合えて視野が広がると思います。

靴づくりを通して、お客さまの人生をよりよくできると心から思っています

ー 今できること ー

ふだんの暮らし

店頭に並ぶ靴に目を向けたり、ファッション雑誌を読んだりして、さまざまな靴を観察してみましょう。「どうしてこの素材が使われているのか」「どうしてこのかたちなのか」と、疑問が浮かんだら、本やインターネットを活用して、その理由を調べてみてください。

靴だけでなく、自分がすてきだと感じるものや、身のまわりでセンスがよいと感じる人を、よく観察しましょう。よいものを知り、美意識を高めることも、靴職人としての第一歩になります。

 国語
お客さんの話を丁寧に聞いて、希望に合う靴をつくる仕事です。文章をよく読んで、読解力を高めましょう。

 美術
デザインや工芸などの活動で、目的や機能、使用する人の気持ちなどから、構想を練ってみましょう。靴のデザインを考える力が身につきます。

 技術
材料と加工に関する技術の授業で、構想について学び、製作図をかけるようにしましょう。また、部品加工や組み立て・仕上げのやり方も学びましょう。

 家庭科
靴づくりには、パーツを縫い合わせる「縫製」という工程があります。衣服について広く学び、裁縫の基本を身につけましょう。

左官職人

Plasterer

原田左官工業所
大野拓陽さん
入社3年目 27歳

左官の技で、建物の
内側や外側の平面を
すてきに仕上げます

左官※は、建物の壁や床、天井などを、さまざまな種類の土や砂などを用いて塗り、仕上げる仕事のことです。鏝という道具を使うのが特徴で、昔から日本の建築物に欠かせない技術として受けつがれてきました。左官職人の大野拓陽さんにお話を聞きました。

用語 ※左官 ⇒ 2020年、ユネスコ無形文化遺産に登録された「伝統建築工匠の技：木造建造物を受け継ぐための伝統技術」にふくまれている。

Q 左官職人とは どんな仕事ですか？

建築現場で、漆喰※やモルタル※といった左官材料を、壁や床、天井などに鏝で塗る仕事です。

工事を行う現場は住宅や店舗、商業施設などで、左官職人は建物の内側や外壁を塗ります。また、私のつとめる会社では、浴室やトイレ、洗面所、キッチンなどの水まわりにタイルをはる工事から、飲食店の床に防水シートをはる工事にいたるまで、鏝を使う仕事をはば広く行っています。

このように左官職人はいろいろな仕事を行いますが、私は「仕上げ」を担当することが多いです。色をつけたり砂利・貝殻などを混ぜたりした左官材料を使って、壁や床を仕上げる作業です。私はまだ見習いの立場なので、壁を塗る作業よりも、左官材料の準備やかたづけ、周囲をよごさないようにシートをはる「養生」の作業をおもに行います。

壁に塗る左官材料はかわきやすいものも多いので、その場で石灰またはセメントと、水、色をつける粉などを混ぜてつくる必要があります。粉類や水の配合は、現場ごとに異なります。できるだけ余らないようにつくりますが、途中で足りなくなって職人さんの手を止めることがないようにしなければなりません。そのため仕事中は、現場をよく観察し、作業をする職人さんとコミュニケーションをとることが大事です。

ひとつの現場には、私のような見習いと作業を行う職人が数名であたり、作業に1～2週間かかることが多いですが、大きな施設では、数か月間通って作業を行うこともあります。

大野さんのある1日

06:30	出社。現場へ向かう準備をする
07:00	現場へ向かう
08:00	工事現場に到着、作業開始
10:00	休憩
12:00	ランチ
13:00	作業再開
15:00	休憩
16:30	作業終了、会社へもどる
17:00	退社

東京・月島にある保育園「クオリスキッズ」。入口付近の壁と柱の左官に、大野さんがたずさわった。

左官の仕事の手順

❶ 依頼に応じて見本を作成

工事の前に、仕上がりの色や塗り方などについて依頼主の要望を聞き、会社の作業場で塗装見本となるパネルをつくる。依頼主の了解を得たら、パネルをもとに左官作業の準備をする。

❷ 養生を行い、材料をつくる

現場で、まわりをよごさないように保護する「養生」を行う。それから、粉状の石灰やセメントに水を混ぜ、ほどよい固さの左官材料をつくる。「仕上げ塗り」の材料には、色粉や砂利を混ぜることもある。

❸ 下塗りをする

現場の準備ができたら、鏝を使って「下塗り」を行う。下塗りは、仕上がりのムラやひびわれを防ぐための工程。タイルをはって仕上げる場合にも必要な作業だ。塗ったら、いったんかわかす。

❹ 仕上げ塗りをする

かわいた「下塗り」の上に、「仕上げ塗り」を行う。左官材料の色を変えてカラフルにするなど、工夫が可能だ。

❺ かわかして完成

すっかりかわくまでだれも触れないよう、シートなどで保護する。数日間待って、養生のシートなどをかたづけたら作業は終了。

用語 ※漆喰 ⇒ 石灰にのりや植物、繊維などを混ぜた伝統的な建築材料。温度や湿度を一定に保つ効果がある。

用語 ※モルタル ⇒ セメントに砂と水を混ぜた建築材料。タイルやレンガをはるときの接着剤としても使う。

仕事の魅力

Q どんなところが やりがいなのですか？

どんな工事でも、どのように塗るのかを記した設計図や塗装見本が事前に用意されます。でも現場に行ってみると、照明の当たり方や見る角度などによって印象が変わるため、依頼主から左官材料や塗り方を変更してほしいと言われることがあります。反対に、私たちの方から「こうした方がよいのではないか」と提案して、変更になることもあります。

現場を見た上での変更に満足してもらえたり、自分の提案を気に入ってもらえたりすると、やりがいを感じます。

会社で職人をとりまとめる担当者から、この日の仕事について指示を受ける大野さん。

Q 仕事をする上で、大事に していることは何ですか？

仕上げの現場の場合は、私たち左官職人が作業する周囲がすでに完成していることも多いので、念入りに養生をして、よごさないように気をつけます。

また、かたづいている現場で作業をすることが結果的によい仕事につながると思うので、自分たちがいる場所や道具もつねにきれいにし、かたづけながら作業しています。

「これは練習用の左官材料ですが、現場でも同じように、水を加えて混ぜながら、ちょうどよい固さに保つようにします」

作業する場所をよごさないよう、前もって念入りに養生する。

Q なぜこの仕事を 目指したのですか？

大学生のときに友人にさそわれて行ったイベントで、左官の体験をしたことがきっかけです。さまざまな分野のアーティストが作品を展示・販売するイベントで、そこには左官職人の方による展示もあったんです。私はもともと建築に興味があり、左官という仕事を知ってはいたのですが、左官に「アート」の側面もあることに非常に興味をもちました。

数年後、その職人さんの個展に足を運ぶと、イベントで言葉を交わした私のことを覚えてくれていて、さらに興味深いお話を聞くことができました。実用的な面だけではない左官の可能性をますますおもしろいと感じ、自分の職業にしたいと考えました。

鏝にちょうどよい分量の左官材料をのせ、塗りつけていく。「慣れないうちは材料が壁につかず、はがれるばかりでした」

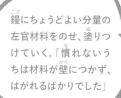

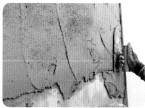

Q 今までに どんな仕事をしましたか？

私は大学院を卒業してから、今の会社に就職しました。新人のうちは、研修で社会人としての基本を学び、その後ひとりの職人さんとペアになって、一対一で学びます。「親方」と呼ばれるその職人さんから、仕事の流れと現場での動き方、職人としての心構えなどを教わります。身のまわりや道具をつねにきれいにしておくことも、親方から教わりました。

見習い期間ではあっても、職人としての仕事も始まっています。ひとりで福岡に出張し、現地の職人さんと仕事をした現場が印象に残っています。ホテルの敷地に入ってから建物へと続く通路の壁をカラフルに仕上げました。設計者と話し合いながら、色の提案も行いました。

「私が担当した福岡県のホテルのエントランスです。しま模様の色合いを気に入っていただけて、よい仕事ができました」

Q 仕事をする上で、難しいと感じる部分はどこですか？

決められた時間内に、段取りよく仕事を進めることに難しさを感じます。建築現場には大工工事や電気工事など多くの業者が入っていて、左官の仕事が終わらないと作業ができない人もいます。

また、現場が屋外だと、雨の日は作業ができません。天候が悪かった場合でもほかの工程に迷惑がかからないようにしなければならないので、手際よく作業をすることを今も勉強中です。

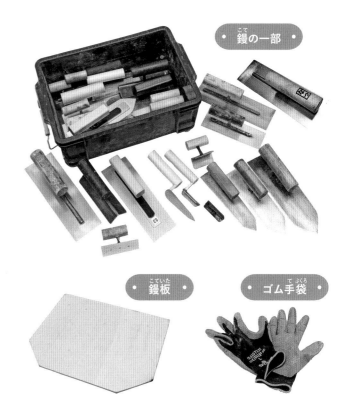

・鏝の一部・

・鏝板・　　・ゴム手袋・

PICKUP ITEM

求められる作業に合わせて、材質やかたちの異なるたくさんの鏝があり、手入れをしながら使う。ここにあるのは、大野さんひとりが持っている鏝の一部だ。右上の、持ち手に焼き印がついている鏝は、大野さんが親方から譲り受けたもの。作業の際には、ゴム手袋を使う。左官材料をのせる鏝板の裏側には持ち手がついていて、片手で持てる。

Q この仕事をするには、どんな力が必要ですか？

観察力と、気を配ることができる能力が必要です。職人さんを観察して、「そろそろ手元の左官材料がなくなりそうだから、すぐに渡せるようにしよう」とか、「次はあの部分を塗りそうだからこの鏝を用意しておこう」など、つねに予測しながら動くことが重要です。現場では多くの人と協力して仕事を進めるので、周囲に気を配りながら作業をすることは、一人前の職人になってからも大切です。

また、見習いでも、「職長」という、現場で作業を行う職人たちのリーダーのような役割をまかされることがあります。職長は、工事現場全体を取りまとめる社外の監督者や、社内の現場担当者、先輩の職人など目上の人に相談や提案をする場面も多いので、コミュニケーション能力やチームとして仕事をする意識も必要です。

毎日の生活と将来

Q 休みの日には何をしていますか？

　家でゆっくりするほか、映画鑑賞や資格取得のための勉強をします。ときどきは運動や筋トレもするようにしています。

　展覧会や美術館に足を運ぶことも多いです。もともと建築が好きで左官のアートとしての側面に惹かれてこの道に進んだので、建築に関する展覧会にはとくに興味があります。

　先日は、自分が手がけている現場のデザインをした人たちの展覧会を見てきました。こういう人たちがデザインする建築物の一部を自分がつくっているんだな、と実感し、刺激を受けました。

東京都港区にある施設、21_21DESIGN SIGHT での企画展『Material, or』にて。「マテリアル（物質）と人のつながりを探ろうという展覧会で、興味深かったです」

『ガウディとサグラダ・ファミリア展』に行きました。日本にいながら、世界最高傑作の建築物について、学べました」

Q ふだんの生活で気をつけていることはありますか？

　左官のことに限らず、いろいろな分野の「よいもの」を知ることが大切だと思っているので、多くの「よいもの」にふれるようにしています。例えば、名作とされる絵画や有名な建築物など、評価されるものには理由があるはずです。くわしいことはわからなくても、足を使って本物を見に行くことで、よいとされるものの本質を感じたいと思っています。

　また、「最新技術でこのようなことが可能になった」など、「新しいもの」にもアンテナを張るようにしています。左官とは関係なさそうな事柄でも、アイデアにつながるかもしれないし、活かせることがあるかもしれません。仕事に関係があるかどうかの境目を決めずに、あらゆる分野からはば広く新しいことを吸収することを意識して生活しています。

	月	火	水	木	金	土	日
05:00	準備・通勤	準備・通勤	準備・通勤	準備・通勤	準備・通勤	準備・通勤	
07:00	出社・仕事の準備	出社・仕事の準備	出社・仕事の準備	出社・仕事の準備	出社・仕事の準備	出社・仕事の準備	
	現場へ移動	現場へ移動	現場へ移動	現場へ移動	現場へ移動	現場へ移動	
09:00	作業	作業	作業	作業	作業	作業	
	休憩	休憩	休憩	休憩	休憩	休憩	
11:00	作業	作業	作業	作業	作業	作業	
13:00	お昼休憩	お昼休憩	お昼休憩	お昼休憩	お昼休憩	お昼休憩	
	作業	作業	作業	作業	作業	作業	
15:00	休憩	休憩	休憩	休憩	休憩	会社へもどる	
	作業	作業	作業	作業	作業	見本パネル作成作業	
17:00	会社へもどって退社	会社へもどって退社	会社へもどって退社	作業	会社へもどって退社	退社	休日
19:00	食事や家事など	食事や家事など	食事や家事など		食事や家事など	食事や家事など	
21:00				会社へもどって退社			
				食事や家事など			
23:00							
01:00	睡眠	睡眠	睡眠	睡眠		睡眠	
03:00					睡眠		
05:00							

大野さんのある1週間

毎日、早朝から会社へ出勤し、会社から作業現場へ向かう。作業は、休憩をはさんでおよそ8時から16時半まで。休日は基本的に週に1日だが、まとまった休暇をとることもできる。

Q 将来のために、今努力していることはありますか？

国家資格である「左官技能士」という左官技術の資格があるので、その資格取得のための練習をしています。資格がなくても左官の仕事はできますが、資格をもっていれば初めて会う人にも自分の技術レベルが伝わりやすいので、便利です。ゆくゆくは1級をとりたいですが、まずは2級をとることを目指しています。会社でも、資格をとるための練習会の開催などのサポートをしてもらっています。

また私は、いずれ自分がデザインした壁や空間を、自分で施工したいという夢をもっています。大学で建築系の勉強をしていたため受験資格があるので、二級建築士※の資格をとる勉強もしています。

左官工事の依頼に応じて、会社の倉庫で塗装見本となるパネルを製作する。現場でお客さんや設計担当者とやりとりをするのに、見本が欠かせない。

左官技能士2級の課題板。複雑なかたちの土台の全面を、決められた時間内に塗り上げる力が求められる。「手際よく進めるため、材料の分量や固さの感覚を練習によって身につけます」

Q これからどんな仕事をし、どのように暮らしたいですか？

外壁を漆喰やモルタルで仕上げる、昔ながらの家は減ってきました。しかし今は、職人が手作業で仕上げる温かみが人気となり、店舗や住宅などの内装の仕上げとして左官の技術を用いることが増えています。

私は、左官の仕事の魅力は自由度の高さだと考えています。左官材料の組み合わせや仕上げの方法は無限で、職人のアイデアしだいで自由に空間を演出できます。基礎となる技術を身につけた上で、時代に合った左官の新しいかたちをつくることが大切だと思います。今の時代に求められる左官の仕事をして、この仕事に興味をもつ人を増やせるような活動をしていきたいです。

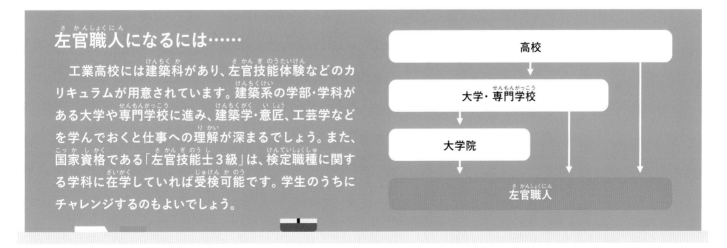

左官職人になるには……

工業高校には建築科があり、左官技能体験などのカリキュラムが用意されています。建築系の学部・学科がある大学や専門学校に進み、建築学・意匠、工芸学などを学んでおくと仕事への理解が深まるでしょう。また、国家資格である「左官技能士3級」は、検定職種に関する学科に在学していれば受検可能です。学生のうちにチャレンジするのもよいでしょう。

```
高校
 ↓
大学・専門学校
 ↓
大学院
 ↓
左官職人
```

用語　※ 二級建築士 ⇒ 建築基準法によって定められた国家資格。資格取得者は戸建住宅などの建築物の設計や工事管理などを請け負うことができる。上位資格に一級建築士がある。

子どものころ

Q 小学生・中学生のとき、どんな子どもでしたか？

運動が好きで、小学生のころはよくサッカーをしました。また、自然や昆虫が好きで、チョウやトンボを幼虫から育てて羽化させたり、地域の自然観察のイベントに参加したりしていました。ほかにも、友だちとビデオカメラで映画を撮影して遊ぶなど、いろいろなことをしましたね。好奇心旺盛な子どもだったと思います。

中学時代、勉強はあまりしませんでしたが、理科や社会の授業は好きでした。幼少期に自然観察や博物館に連れて行ってもらうことが多かったので、興味がわきやすかったんだと思います。私は今も、机に向かって勉強するだけでなく、実際に見る、体験することが大切だと考えているのですが、この考えはこのころの経験がもとになっているのかもしれません。

中学校での体育祭。「みんなの足をつないで走る"むかで競走"では、チームの先頭になりました。学校行事には燃えるタイプでしたね」

中学校ではバスケットボール部に所属していた。「学校の名前が入った、思い出のボールです」

大野さんの夢ルート

小学校 ▶ サッカー選手、昆虫学者

サッカー大好き少年だった。一方で昆虫が好きだったので、昆虫の学者か写真家にもあこがれた。

▼

中学校 ▶ バスケットボールの選手

部活でバスケットボールに夢中になった。

▼

高校 ▶ 建築（街づくりに関わる仕事）

研究の授業で地元の銭湯について調べたり、古地図を使いながら街歩きをしたりする機会があり、街づくりに興味がわいた。

▼

大学・大学院 ▶ 建築家、左官職人

建築やものづくりを仕事にしたかった。

中学校の卒業アルバムで、みんなといっしょに笑顔を見せている大野さん。

Q 子どものころにやっておいてよかったことはありますか？

興味があることに何でも挑戦してみたのは、よかったと思います。やってみて身についた知識は忘れないですし、後に意外なところで役に立つこともあります。

また、地域のイベントに参加したり、学級委員や実行委員を多く経験したりしたことも、よかったと思います。大人と接する機会が増えて、自然と礼儀やマナー、コミュニケーション能力が身についたからです。今、現場でいろいろな立場の人と話し合うときなどに活きていますね。

Q 中学のときの職場体験は、どこに行きましたか？

自動車整備工場に5日間ほど行きました。そこを希望した理由ははっきり覚えていないのですが、友人といっしょに選んで行った記憶があります。

実際の車の整備はプロでなければできないので、車の掃除や書類作成の手伝いなどをしました。社員の方とトラックに乗って、車検にも同行しました。それほど大きな工場ではなかったこともあり、みなさんに親切にしていただきました。

Q 職場体験ではどんな印象をもちましたか？

点検をしたり修理をしたり、専門的な技術や知識をもって仕事をすることをかっこいいと感じました。「職人」になろうと思ったきっかけのひとつかもしれません。

お客さんのものを預かっているということもあり、修理工のみなさんは車をとても丁寧にあつかっていましたし、責任感をもって作業している姿が印象に残っています。

車はとても高価なものです。それを人に預けるというのは信頼がないとできないことだと思います。工場のみなさんもその信頼に応えるために一生懸命仕事をしているんだな、ということを感じました。

Q この仕事を目指すなら、今、何をすればいいですか？

興味のあることは、自分なりに調べたり本物にふれたりすることが大切です。例えば絵に興味があるなら、気になる画家の絵がある美術館に本物を見に行ってみましょう。インターネットなどで絵画の画像を見ることもできますが、実際に美術館に行けば、もっと気になる絵や画家を見つけるなど、新たな興味のきっかけになるかもしれません。

どんな分野であっても、その道のプロが手がけたものにふれることは刺激になります。自分で動いて得た知識や経験は記憶に残るので、将来、ものづくりを仕事にしたいという人には役に立つと思います。

伝統の技をベースに、材料や塗り方の新しい試みで左官の可能性を広げたい

－ 今できること －

ふだんの暮らし

有名な建築物や美術品をはじめ、世の中の話題になっている作品について本やインターネットを使って調べ、「どんな方法でつくられたのか」「どんな材料や道具を使ってつくられたのか」を考えてみましょう。好きなものがあったら、展示会やワークショップに足を運んで実際に体験することもおすすめです。また、左官職人は、ほかの職人とコミュニケーションをとりながら作業をします。学級委員や実行委員の活動に参加して、仲間や先生と協力して仕事を行う経験を重ねましょう。

数学
左官業では、材料の量や仕事にかかる時間を計算する作業が必要です。数量や図形などの法則を学び、数字や式を使って考える力を身につけましょう。

理科
左官材料の性質を理解し、正しくあつかうことも大切です。物質の観察や実験を通して、固体や液体、気体の性質や物質の状態変化を理解しましょう。

美術
設計図や塗装見本だけに頼らず、現場で実際の見え方を確認して塗り方を判断します。形や色彩、素材、光などの性質や、それらがもたらす効果を学びましょう。

技術
ものづくりの授業で、材質の特徴と利用方法、材質に適した加工法と工具の安全な使い方を学びましょう。

仕事のつながりがわかる
職人の仕事 関連マップ

商業施設の場合

ここまで紹介した職人の仕事がそれぞれどう関連しているのか、
商業施設を例に見てみましょう。

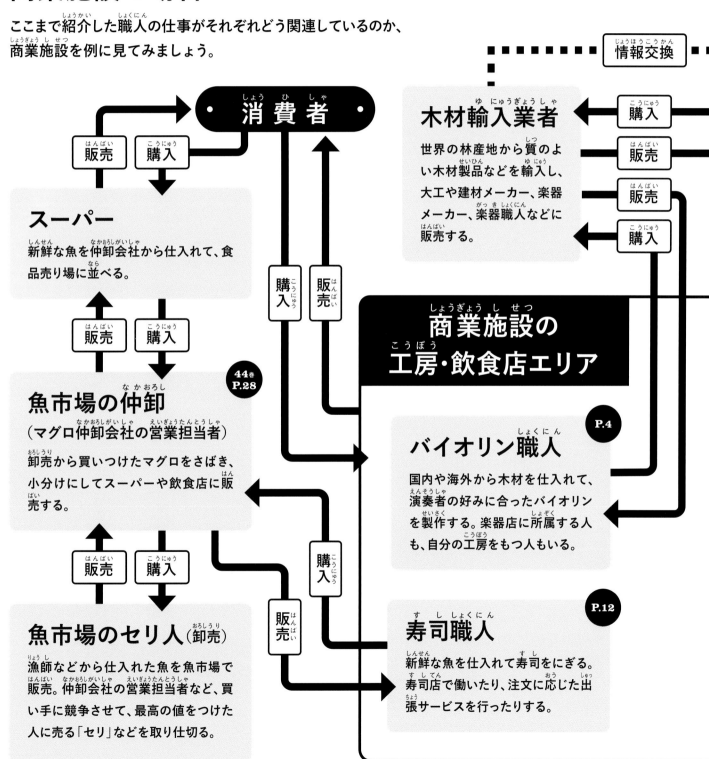

情報交換

消費者

木材輸入業者
世界の林産地から質のよい木材製品などを輸入し、大工や建材メーカー、楽器メーカー、楽器職人などに販売する。

購入
販売
販売
購入

販売 **購入**

スーパー
新鮮な魚を仲卸会社から仕入れて、食品売り場に並べる。

購入 **販売**

販売 **購入**

商業施設の工房・飲食店エリア

魚市場の仲卸（マグロ仲卸会社の営業担当者）
卸売から買いつけたマグロをさばき、小分けにしてスーパーや飲食店に販売する。

44巻
P.28

P.4
バイオリン職人
国内や海外から木材を仕入れて、演奏者の好みに合ったバイオリンを製作する。楽器店に所属する人も、自分の工房をもつ人もいる。

購入

販売 **購入**

購入

販売

P.12
寿司職人
新鮮な魚を仕入れて寿司をにぎる。寿司店で働いたり、注文に応じた出張サービスを行ったりする。

魚市場のセリ人（卸売）
漁師などから仕入れた魚を魚市場で販売。仲卸会社の営業担当者など、買い手に競争させて、最高の値をつけた人に売る「セリ」などを取り仕切る。

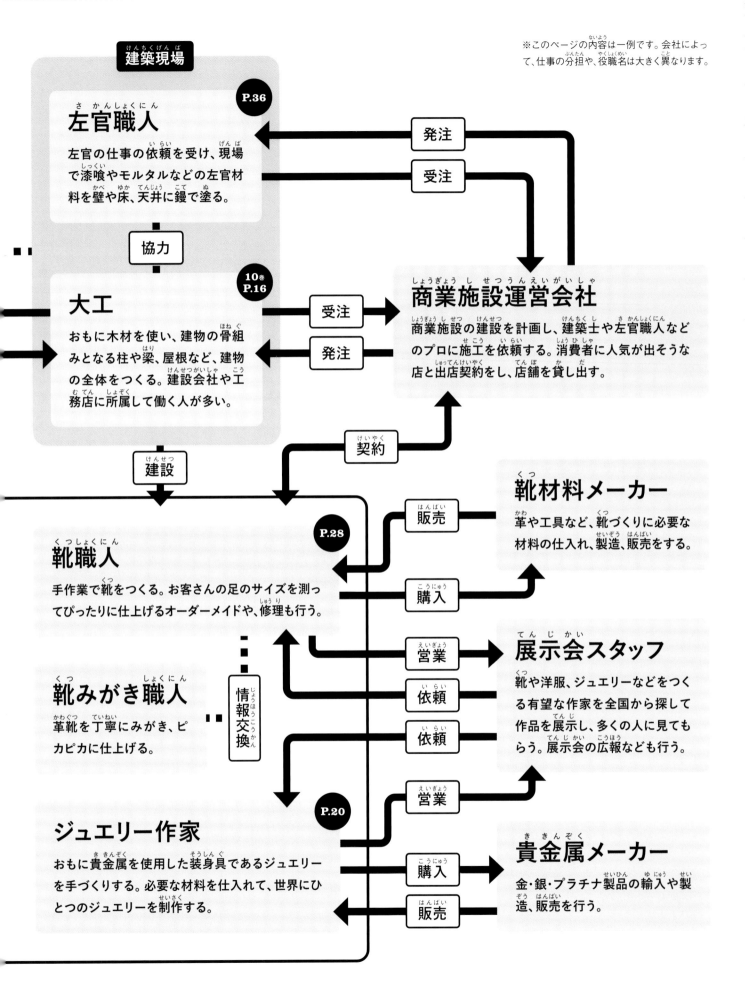

建築現場

左官職人　P.36

左官の仕事の依頼を受け、現場で漆喰やモルタルなどの左官材料を壁や床、天井に鏝で塗る。

協力

大工　10巻 P.16

おもに木材を使い、建物の骨組みとなる柱や梁、屋根など、建物の全体をつくる。建設会社や工務店に所属して働く人が多い。

発注

受注

商業施設運営会社

商業施設の建設を計画し、建築士や左官職人などのプロに施工を依頼する。消費者に人気が出そうな店と出店契約をし、店舗を貸し出す。

受注

発注

契約

建設

靴職人　P.28

手作業で靴をつくる。お客さんの足のサイズを測ってぴったりに仕上げるオーダーメイドや、修理も行う。

靴みがき職人

革靴を丁寧にみがき、ピカピカに仕上げる。

情報交換

靴材料メーカー

革や工具など、靴づくりに必要な材料の仕入れ、製造、販売をする。

販売

購入

営業

依頼

依頼

営業

展示会スタッフ

靴や洋服、ジュエリーなどをつくる有望な作家を全国から探して作品を展示し、多くの人に見てもらう。展示会の広報なども行う。

ジュエリー作家　P.20

おもに貴金属を使用した装身具であるジュエリーを手づくりする。必要な材料を仕入れて、世界にひとつのジュエリーを制作する。

購入

販売

貴金属メーカー

金・銀・プラチナ製品の輸入や製造、販売を行う。

変化の激しい時代に職人として生きるには

▶ かつては花形だった職人の仕事

日本には昔からさまざまな職人がいて、江戸時代には大工、左官、とび職は「華の三職」といわれる人気の職業でした。生活に使うほとんどのものは職人の手でつくられ、こわれたものは職人が修理して長く使うのが当たり前でした。ところが今は、使い捨ての製品が大量生産される時代です。製造業から手作業が減るとともに、職人の数も減っています。

あらゆる仕事が機械化され、AI技術などによって自動化が目指される今、人の手による繊細な技術を必要とする職人の仕事の価値が、ふたたび注目されています。

職人の仕事をつぐ新しい世代を育てるために、学校や施設を開く自治体や企業も増えています。例えば石川県にある「金沢市民芸術村」に併設されている「金沢職人大学校」では、各種の伝統工芸の職人を目指す人々が学んでいます。また、注目を集めているのが、伝統工芸の新しい担い手として障がい者を雇用する「伝福連携（伝統工芸×福祉）」です。

伝福連携はおもに自治体が進めていますが、企業でも多くの障がい者が職人の仕事に取り組んでいます。私は以前、障がいのある若者や引きこもりを経験した若者が靴みがき職人として活躍する、「革靴をはいた猫」というサービスを利用したことがあります。みがいてもらって、ピカピカになった靴に感動しました。日本の職人の技術や伝統工芸品は海外からの評価も高く、誇りを受けつぎたいと考える人はこれからも出てくるはずです。

▶ 柔軟な変化が必要とされる時代

価値観の変化といえば、若い世代では「職人」のあり方も大きく変わっています。この本にも登場する寿司職人の世界には「飯炊き3年、握り8年」という言葉があり、長い期間修業を積んでやっと一人前になれると考えられてきました。時代が変わって、今は短期間で卒業できる養成学校が登場し、卒業後すぐに海外で活躍する寿司職人も増えています。

「華の三職」の人口推移

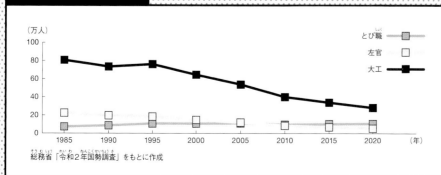

総務省「令和2年国勢調査」をもとに作成

左図は、江戸時代に「華の三職」といわれた大工、左官、とび職の担い手の数の推移。左官ととび職がほぼ横ばいであるのに対し、大工の人数は2020年時点で約29万7900人と、過去20年で半減した。給料の水準などの待遇改善がなかなか進まないことを背景に、若い世代が減り、高齢化が一段と進んでいる。

2002年に開校した日本初の寿司職人養成学校、東京すしアカデミー。世界的な寿司ブームが続くなか、たくさんの人が受講し、開校以来、約5000人が卒業している。

技術の身につけ方だけでなく、販売方法などに関しても、職人には柔軟な変化が求められています。この本に登場するジュエリー作家は、「つくったらそれで終わり」ではなく、展示会や個展に出展して知名度を上げるなど、自ら売る力をもてないと作家として生き残るのは難しいと語っています。また左官職人は「外壁を漆喰やモルタルで仕上げる、昔ながらの家は減ってきました。しかし今は、職人が手作業で仕上げる温かみが人気となり、店舗や住宅などの内装の仕上げとして左官の技術を用いることが増えています」と語っています。職人は、時代に合わせた新しい価値をつくり続けることも求められるのです。

▶ 自分の価値を最大に高めよう

小・中学生にとって日本の伝統や手仕事を知る機会は少なく、なじみがないように感じるかもしれません。しかし、宮大工・西岡常一さんをはじめ、道徳の教科書に職人が登場し、夢や目標に向かう努力など、時代をこえて大切なことを私たちに教えてくれます。職人の仕事にふれることで、モノに対する感謝の気持ちや技術をつないでいく使命感を知り、さまざまな文化に興味をもつきっかけになるはずです。

このような仕事を目指すには、経験のすべてを「芸のこやし」にする意気込みが大切です。経営やマーケティング、広報などのビジネスの基礎知識や、場合によっては異業種での経験が後に活きるかもしれません。例えば、京都府に工房を構え、仏師として活躍する宮本我休さんが弟子入りしたのは25歳と、職人としては遅めでした。9年間の修業を積み、今では国内外から仕事の依頼が殺到する人気の仏師です。学生時代に学んだ服飾技術を仏像の衣の彫刻に活かしたことが、彼らしい表現につながっています。

職人を目指すなら、ほかの人にはできない自分ならではの価値を高める能力がないと生き残れないことは、まちがいないでしょう。前例にしばられず、自分が目指す職人のあり方を追求してほしいと思います。

PROFILE

玉置　崇

岐阜聖徳学園大学教育学部教授。愛知県小牧市の小学校を皮切りに、愛知教育大学附属名古屋中学校や小牧市立小牧中学校管理職、愛知県教育委員会海部教育事務所所長、小牧中学校校長などを経て、2015年4月から現職。数学の授業名人として知られるいっぽう、ICT活用の分野でも手腕を発揮し、小牧市の情報環境を整備するとともに、教育システムの開発にも関わる。文部科学省「校務におけるICT活用促進事業」事業検討委員会座長をつとめる。

構成／酒井理恵

さくいん

【取材協力】

大樹バイオリン工房　https://www.okiviolinworkshop.com/
SUSHI＋　https://sushiplus.jp/
EMIKA KOMURO　https://www.emikakomuro.com/
When　https://www.s-when.com/
有限会社原田左官工業所　https://www.haradasakan.co.jp/

【写真協力】

コーナン建設株式会社　p37
株式会社安藤・間　p39
東京すしアカデミー　p47

【解説】

玉置 崇（岐阜聖徳学園大学教育学部教授）　p46-47

【装丁・本文デザイン】

アートディレクション／尾原史和（BOOTLEG）
デザイン／坂井 晃・角田晴彦・加藤 玲（BOOTLEG）

【撮影】

平井伸造　p4-11、p28-43
杵嶋宏樹　p12-27

【執筆】

酒井理恵　p4-11、p20-27
安部優薫　p12-19、p36-43
和田全代　p28-35

【イラスト】

フジサワミカ

【企画・編集】

佐藤美由紀・山岸都芳（小峰書店）
常松心平・鬼塚夏海（303BOOKS）

キャリア教育に活きる！

仕事ファイル47
職人の仕事

2024年4月6日　第1刷発行

編　著　小峰書店編集部
発行者　小峰広一郎
発行所　株式会社小峰書店
　　　　〒162-0066　東京都新宿区市谷台町4-15
　　　　TEL 03-3357-3521　FAX 03-3357-1027
　　　　https://www.komineshoten.co.jp/
印　刷　株式会社精興社
製　本　株式会社松岳社

©Komineshoten 2024　Printed in Japan
NDC 366　48p　29×23cm
ISBN978-4-338-36605-2